Einleitung 2
Definition nach WHO: Lese-Rechtschreibschwäche 2
Ursachen und Folgen von Lese-Rechtschreibproblemen 2
Hörverarbeitungs- und Hörwahrnehmungsstörungen und Sprachprobleme als Ursache von LRS 2
Visuelle Wahrnehmungsstörungen und LRS 3
Taktile und kinästhetische Wahrnehmung und LRS 3
Entstehung und Vorteile dieses Buchs 3
Zum Aufbau der Laut- bzw. Buchstabenerarbeitung 4
Ausblick auf Band 2: Arbeitsmaterial: Laute mit allen Sinnen erarbeiten 4
Literaturtipps 5

Zum Umgang mit diesem Buch 5
Erarbeitung der Laute „mit allen Sinnen“ 5
1. Einführung 5
2. Erste phonematische Übung 5
3. Phonetische Übung 5
Lautbildung 5
Lautgebärden 6
Erste Lese- und Sprechübungen 6
4. Die Buchstaben im Viererfenster 7
5. Phonematische Übungen: Tabellen und Beispielsätze 7
Für die Lehrkraft 7
Für die Schüler 8
Auswertung der Tabellen, Analysen 8
Phonematische Tabelle zum Unterscheiden von Lauten 8
6. Optische Übungen 9
7. Taktile / kinästhetische Übungen 9
Andere Gestaltungsmöglichkeiten 9
8. Zungenbrecher und Reimwörter 9
9. Schreibübungen 9
a) Buchstaben und Buchstabenverbindungen 9
b) Übungswörter 9

Lautgewinnung
Lautgewinnung A, a 10
Lautgewinnung E, e 13
Lautgewinnung I, i 16
Lautgewinnung O, o 19
Lautgewinnung U, u 22
Lautgewinnung M, m 25
Lautgewinnung R, r 28
Lautgewinnung S, s 31
Lautgewinnung Au, au 35
Lautgewinnung Ei, ei 38
Lautgewinnung N, n 41
Lautgewinnung F, f 44
Lautgewinnung L, l 47
Lautgewinnung H, h 50
Lautgewinnung -en 53
Lautgewinnung -er 55
Lautgewinnung Ch_1, ch_1 57
Lautgewinnung Ch_2, ch_2 60
Lautgewinnung W, w 64
Lautgewinnung Z, z 67
Lautgewinnung P, p 70
Lautgewinnung T, t 73
Lautgewinnung K, k 76
Lautgewinnung B, b 79
Lautgewinnung G, g 82
Lautgewinnung D, d 85
Lautgewinnung Ä, ä 88
Lautgewinnung Ö, ö 91
Lautgewinnung Ü, ü 94
Lautgewinnung Eu, eu 97
Lautgewinnung Sch, sch 100
Lautgewinnung -el 103
Lautgewinnung J, j 105
Lautgewinnung V, v 108
Lautgewinnung ß 111
Lautgewinnung X, x 113
Lautgewinnung Y, y 115
Lautgewinnung Q, q 117
Übersicht: Schwierige Buchstaben und Buchstabenverbindungen
X, x, Y, y, Q, q 119
Arbeitsblatt „Freunde“ 120

Einleitung

Definition nach WHO: Lese-Rechtschreibschwäche

Die Weltgesundheitsorganisation WHO nennt folgende Merkmale von Lese-Rechtschreibschwäche:

- Hauptmerkmal = gestörte Entwicklung von Fertigkeiten des Lesens und Rechtschreibens, die sich nicht durch geistige Behinderung, unzureichenden Unterricht, Hör- oder Sehstörungen oder andere neurologische Erkrankungen erklären lässt
- deutliche Beeinträchtigungen der schulischen Leistungen
- Lese- und Rechtschreibleistungen liegen deutlich unter dem Niveau, das aufgrund des Alters, der allgemeinen Intelligenz und der Beschulung zu erwarten ist

Ursachen und Folgen von Lese-Rechtschreibproblemen

In der Regel ist es ein ganzes Bündel von Ursachen, das bei Kindern zum Entstehen einer Lese-Rechtschreibschwäche führt. Dazu gehören Beeinträchtigungen der mündlichen Sprache wie z. B. verspätetes Sprechenlernen, Artikulations- bzw. Aussprachefehler und ein geringer Wortschatz. Hervorzuheben sind in der Anfangsphase des Schriftspracherwerbs Entwicklungsverzögerungen im Bereich der phonologischen Bewusstheit. Betroffene Kinder haben Schwierigkeiten, Reime zu bilden, Wörter in Silben zu gliedern, die Lautfolge eines Wortes zu analysieren und ähnlich klingende Laute zu unterscheiden. Ich habe die Erfahrung gemacht, dass Kinder viele Laute eines Wortes hören, sie aber nicht nacheinander benennen können. Erschwerend für das Erlernen des Lesens und Rechtschreibens wirken sich des Weiteren aus: Unsicherheiten in der Differenzierung von Buchstaben und Buchstabenverbindungen, instabile Buchstaben-Laut-Beziehungen, eine geringe Merkfähigkeit für gesprochene und geschriebene Sprache sowie Entwicklungsverzögerungen in der Grobmotorik. Später kommen als Verursacher von Lese-Rechtschreibschwierigkeiten fehlende Einsichten in orthografische Regeln, unzureichende Fähigkeiten im Bereich der Wortbildung und ein Mangel an effektiven Lernstrategien und Arbeitstechniken hinzu. Weitere Ursachen können im sozialen Umfeld des Kindes liegen, wie zum Beispiel emotionale Probleme in der Familie, Störungen der Beziehungen zwischen Lehrkraft und Kind sowie zwischen dem jeweiligen Kind und den anderen Kindern der Klasse. Darüber hinaus ist zu beachten, dass das andauernde Erleben von schulischen Misserfolgen bei den betroffenen Kindern zu psychischen Problemen führen kann. Sie verlieren die Lust am Lernen, ihr Selbstwertgefühl kann sich negativ verändern. Manche Kinder vermeiden konsequent das Lesen und Schreiben. Es kann sogar zu Schulangst und Depressionen kommen. Diese Folgeerscheinungen erschweren dann ihrerseits das weitere Lernen.

Hörverarbeitungs- und Hörwahrnehmungsstörungen und Sprachprobleme als Ursache von LRS

Die betroffenen Kinder zeigen Auffälligkeiten bei Wahrnehmung und Verarbeitung der gehörten Sprache. Obwohl das Ohr selbst gut hört, können sie Laute nur schwer mit einer Bedeutung verbinden. Auch Tonhöhen können sie kaum unterscheiden. Durch diese Schwierigkeiten wird die phonologische Bewusstheit gemindert. Das hat zur Folge, dass die Kinder Silben, Reime oder einzelne Laute nur schwer aus Wörtern heraushören können. Die kindliche Hörwahrnehmung unterliegt einem Reifungsprozess, der nicht mit Schulbeginn abgeschlossen ist. Bei sinnvoller Förderung können Defizite in diesem Bereich aber noch in erstaunlichem Maße gemindert werden. Hörwahrnehmungsprobleme sind also nicht gleichzusetzen mit Schwerhörigkeit.

Ein großes Problem bei Kindern mit Lese-Rechtschreibschwäche (LRS) besteht darin, dass ihre Schwierigkeiten oft sehr spät – häufig erst im dritten Schuljahr oder sogar noch später – richtig erkannt werden. Daraus folgt, dass auch die Förderung der Kinder entsprechend spät beginnt und vergleichsweise langwierig und aufwendig ist, weil der Leistungsabstand zu den Kindern, die keine Probleme beim Lesen- und Schreibenlernen haben, immer größer wird. Kinder mit diesen Schwierigkeiten sind oft in der Lage, ihre Probleme lange Zeit zu kompensieren, sodass niemand, auch nicht die Eltern, das wirkliche Ausmaß der Lernschwierigkeiten des Kindes erkennen.
Hinzu kommt noch ein weiteres Problem: Auditiv schwache Kinder gelten häufig als minderbegabt, verhaltensgestört oder aufmerksamkeitsschwach. Damit werden diese Kinder „abgestempelt". Sie fühlen sich falsch behandelt und müssen unter Druck lernen. Daraus können sich Verhaltensauf-

fälligkeiten im Schulalltag ergeben. Eine gezielte Förderung wird fast unmöglich. Aber: Wenn solche Entwicklungsverzögerungen in der akustischen Wahrnehmung rechtzeitig erkannt werden, kann die LRS durch entsprechende Förderung gemindert werden. Meine langjährige Erfahrung im Umgang mit solchen Kindern machte mir die Bedeutung der Hörwahrnehmungsprobleme bewusst. Mit dem Wissen um diese Problematik ist es möglich, nicht nur den Kindern, sondern auch Eltern und Lehrkräften zu helfen. Während Übungsmöglichkeiten zur visuellen Wahrnehmung in den letzten Jahren zunehmend zahlreicher angeboten wurden und viele Lehrkräfte der unteren Klassen diese Übungen im Unterricht auch nutzten, gab es zur Hörwahrnehmung verhältnismäßig wenig Material. Dieses Buch soll hier einen Beitrag leisten.

Da zwischen Sprache und Hörwahrnehmung ein enger Zusammenhang besteht, ist es von großer Bedeutung, dass beide Bereiche funktionieren. Leider ist zu beobachten, dass in den letzten Jahren die sprachlichen Auffälligkeiten bei Kindern zugenommen haben. Deshalb ist die Sprache ein weiterer Problembereich, der mir am Herzen liegt. Auch wenn ich als Lehrkraft nur unterstützend helfen konnte, so konnte ich doch zumindest solche Auffälligkeiten erkennen und Hilfe vermitteln. Man darf nicht vergessen, welch große Bedeutung die Sprache für uns Menschen hat: Sie ist die wichtigste Grundlage der Kommunikation mit anderen Menschen und zugleich ist sie Voraussetzung für das Leben in der Gesellschaft. Sprache bringt Gefühle und Gedanken zum Ausdruck. Mit ihrer Hilfe werden Erlebnisse verarbeitet, Wünsche ausgesprochen, Zusammenhänge verstanden und Handlungen geplant.

Visuelle Wahrnehmungsstörungen und LRS

Kinder mit visuellen Verarbeitungsstörungen haben sehr oft Lernprobleme, weil sie die Welt verzerrt wahrnehmen. Sie erscheint ihnen instabil und schwer zu deuten. Solche Kinder verhalten sich oft motorisch ungeschickt und fallen bereits im Kindergarten dadurch auf, dass sie nicht malen, schneiden oder sonst wie basteln mögen. Entsprechend fällt es ihnen schwer, zu schreiben, zu lesen oder zu rechnen, wobei ihre diesbezüglichen (schwachen) Leistungen nichts über ihre Intelligenz aussagen. Ihre Probleme verunsichern diese Kinder auch emotional, wenn sie ihre Defizite im Vergleich zu anderen Kindern bemerken. Ein möglichst frühes Erkennen ihrer Wahrnehmungsprobleme kann solchen Kindern einen langen Leidensweg ersparen.
Es hat sich gezeigt, dass LRS-Kinder große Mühe haben, die angebotenen Wortbilder richtig wahrzunehmen. Sie verwechseln oft die symmetrischen Formen d, b, p und q oder n und u und versagen häufig auch hinsichtlich der Anforderung, die einzelnen Buchstaben in der richtigen Reihenfolge aufzufassen (Raumlage-Labilität).

Taktile und kinästhetische Wahrnehmung und LRS

Unter der taktilen Wahrnehmung versteht man die Tast- und Berührungswahrnehmung. Die kinästhetische Wahrnehmung wird mit „Lage- und Bewegungswahrnehmung“ übersetzt. Beide Systeme arbeiten eng zusammen. Im Hinblick auf LRS werden diese sensorischen Bereiche besonders bei der Artikulation oder auch bei der differenzierten Stifthaltung und -führung (Feinmotorik) benötigt. Die taktil-kinästhetische Wahrnehmung ist die Grundlage der Wahrnehmung und damit Basis für die Umwelterkundung und die Feinmotorik. Eigenschaften von Gegenständen werden zunächst über diesen Bereich wahrgenommen. Bei unzureichender taktil-kinästhetischer Wahrnehmung fallen die Kinder häufig schon vor dem Schriftspracherwerb durch Artikulationsstörungen auf (z. B. „dehen“ statt „gehen“, lispeln, verwaschene Aussprache).
Man kann immer wieder beobachten, dass sich Kinder, die das Lesen und Schreiben neu erlernen, leise einzelne Wörter vorsprechen. Artikuliert ein Kind dabei falsch, wird es den Fehler beim Schreiben übertragen.
Ein Kind mit taktil-kinästhetischen Wahrnehmungsproblemen erhält z. B. im Hinblick auf seine Hand eine unzureichende Rückmeldung über die Bewegung seiner Finger, sodass die Feinmotorik beim Schreiben beeinträchtigt sein kann. Dies macht sich u. a. durch eine krakelige, stark unregelmäßige Schrift bemerkbar. Ferner werden Buchstabengestalten unvollständig gespeichert, da Lage und Form nicht voll erfasst werden können.

Entstehung und Vorteile dieses Buchs

Über 20 Jahre habe ich in besonderen LRS-Klassen in Sachsen gearbeitet. In einem zusätzlichen Zertifikatskurs, der parallel zum Unterricht verlief, eignete ich mir spezielles Wissen über LRS an. An den LRS-Diagnostiken nahmen regelmäßig eine Logopädin oder Sprachheillehrerin und auch eine

Schulpsychologin teil. Durch die enge Zusammenarbeit mit diesen Kolleginnen und durch weitere Fortbildungen im Bereich Sprache und Psychologie ergänzte ich mein Wissen, um spezifisch auf die Schwierigkeiten der Kinder eingehen zu können. Im Laufe der Jahre sammelte ich meine Aufzeichnungen und bereitete meiner „Zettelwirtschaft" ein Ende; dieses Buch entstand. Meine Materialsammlung ist nach Lauten bzw. Buchstaben sortiert und berücksichtigt alle Sinne. Selbst fachfremd Unterrichtende können damit arbeiten und sich so die Arbeit erleichtern.
Das Buch dient als hilfreicher Leitfaden bei der Erarbeitung der Laute bzw. Buchstaben und kann effektiv zur Stundenvorbereitung genutzt werden. Die Erarbeitung der Laute bzw. Buchstaben ist systematisch aufgebaut und klar gegliedert. Die ausgearbeiteten Wahrnehmungsübungen sind nach meiner Erfahrungen sehr gut durchführbar. Alle vorgegebenen Übungen können von jeder Lehrkraft selbst erweitert bzw. verändert werden, da nur eine Auswahl an Wortmaterial angeboten wird. Die Lehrerhilfe lässt so viel Raum, um durch vielfältige und speziell angepasste Übungen die Laute, Buchstaben und Wörter immer wieder zu trainieren und zu festigen.

Zum Aufbau der Laut- bzw. Buchstabenerarbeitung

Nach dem Prinzip „vom Leichten zum Schweren" zu unterrichten, hat sich in meinen LRS-Klassen als effektiv und leicht praktikabel bewährt. Betroffene Kinder erleben Erfolge am ehesten dann, wenn sie dort abgeholt werden, wo sie sich gerade wissensmäßig befinden. In der Regel schreiben Kinder zu Beginn gern so, wie sie sprechen. Von der Aussprache abweichende Schreibweisen und die Rechtschreibregeln werden erst später erlernt. Im LRS-Unterricht sollte man daher auf der Stufe des lautgetreuen Lesens und Schreibens mit einfach strukturierten Wörtern beginnen.
Die vorgeschlagene Reihenfolge der Einführung der Buchstaben bzw. Laute in diesem Buch orientiert sich an ihrem jeweiligen Schwierigkeitsgrad im Hinblick auf die Hörverarbeitung. Wir beginnen mit den Buchstaben, deren Laute klar, deutlich und etwas länger klingen, also mit den Vokalen *a, e, i, o, u*. Daran schließen sich die etwas länger klingenden Konsonanten *m, r, s, n, f, l, h, w* an. Die Zwielaute *au, ei, eu* und die Umlaute *ä, ö, ü* werden schrittweise zwischen einzelnen Mitlauten erarbeitet. So erhält man mehrere Übungswörter zum Lesen- und Schreibenlernen. Nach den etwas länger klingenden Mitlauten schließen sich dann die kurz klingenden und kaum hörbaren Verschlusslaute an. Das Arbeitsblatt „Freunde", das Sie auf S. 120 finden, ist eine Zusammenfassung der schwierigen Verschlusslaute. Es sollte während der Erarbeitungs- und Übungszeit der Verschlusslaute im Klassenraum ausgehängt werden, sodass sich die Schüler immer wieder informieren können. Den Abschluss bilden die etwas schwierigeren Mitlaute und Mitlautverbindungen. Das Erarbeiten vom Leichten zum Schweren hat nicht nur für die Kinder Vorteile, sondern auch für die Lehrkraft. Sie kann bei relativ leichtem Unterrichtsstoff viele neue Lerntechniken (z. B. Umgang mit den Tabellen bei den Hörübungen, Ab- und Nachschreibübungen, Übungen zum Trainieren der Wörter usw.) mit einführen. Später bei den schwierigen Lauten bzw. Buchstaben sind diese Techniken dann schon gefestigt und die Kinder können sich ganz auf die Laute konzentrieren.

Ausblick auf Band 2: Arbeitsmaterial: Laute mit allen Sinnen erarbeiten

Der Band „Arbeitsmaterial: Laute mit allen Sinnen erarbeiten" (Bestellnummer: 10201) enthält vielfältiges Material, das diesen Grundlagenband wunderbar ergänzt. Die Materialien in Band 2 wurden so ausgewählt und zusammengestellt, dass sie den Kindern helfen, Wahrnehmungsschwierigkeiten zu mindern. Sie dienen dem Training und der Festigung der Wörter, der Erweiterung des Wortschatzes und der gezielten Behebung von Sprachdefiziten.
Da Kinder mit Lese-Rechtschreibschwierigkeiten meistens Probleme mit bestimmten Lauten und Buchstaben haben, werden Schwerpunktfehlerstellen besonders intensiv behandelt. Des Weiteren gibt es Wortlisten in kindgemäßer verständlicher Form zum Aushängen im Klassenraum, Gegenüberstellungen von schwierigen Lauten bzw. Buchstaben und Buchstabenverbindungen, Arbeitsblätter sowie zahlreiche Spiele und Rätsel. Der hier vorliegende Band vermittelt dagegen wichtiges Grundlagenwissen und stellt strukturiert dar, wie man bei der Lauterarbeitung effektiv vorgehen kann.

Literaturtipps

Adams, Iris, Struck, Veronika, Tillmanns-Karus, Monika: Kunterbunt rund um den Mund: Materialsammlung für die mundmotorische Übungsbehandlung. 9. Auflage. Dortmund: Verlag Modernes Lernen 2010.

Dummer-Smoch, Lisa: Laute – Silben – Wörter. Übungsbuch zum Lesenlernen mit Lautgebärden. 4. Auflage. Kiel: Veris Verlag 2007.

Dummer-Smoch, Lisa, Hackethal, Renate: Handbuch Kieler Leseaufbau. 2., überarbeitete Auflage. Kiel: Veris Verlag GmbH 1988.

Dummer-Smoch, Lisa, Hackethal, Renate: Kieler Rechtschreibaufbau. Kiel: Veris Verlag 1987.

Dummer-Smoch, Lisa, Hackethal, Renate: Praxis zum Kieler Leseaufbau und Kieler Rechtschreibaufbau. Erfahrungsbericht aus sechs Jahren Lese-Intensivmaßnahmen mit dem Kieler Leseaufbau und Kieler Rechtschreibaufbau. Kiel: Veris Verlag 1990.

Kompendium zum Abbau von Schwierigkeiten beim Lesen und beim Rechtschreiben. Hrsg. von Selma-Maria Behrndt, Heidemarie Hoffmann, Edeltraud Koschay. Eigenverlag Greifswald/Rostock, seit 2006.

Küspert, Petra, Schneider, Wolfgang: Hören, lauschen, lernen. Sprachspiele für Kinder im Vorschulalter. Würzburger Trainingsprogramm zur Vorbereitung auf den Erwerb der Schriftsprache. Göttingen: Vandenhoeck und Ruprecht. 6 Bände ab 1999.

Rinderle, Bettina: Lesen mit Silbenschwung. Lesetraining mit Silbentexten. 3. Auflage. Hamburg: AOL-Verlag 2012.

Szaszi, Monika, Baun, Petra, Jerusel, Petra: Üb mit mir! Fördermaterial Deutsch LRS. Regensburg: Dürr und Kessler, 8 Publikationen seit 1995.

Zum Umgang mit diesem Buch

Erarbeitung der Laute „mit allen Sinnen“

Die Erarbeitung der Laute mit allen Sinnen sollte wenigstens bis Punkt 4 chronologisch erfolgen. Danach liegt es im Ermessen der Lehrkraft, wann die anderen Wahrnehmungsübungen zum Einsatz kommen. Bei der Erarbeitung eines Lautes ist es wichtig, dass alle Wahrnehmungsbereiche nacheinander durch vielfältige Übungen getestet werden.

1. Einführung

Um die Kinder für den neu eingeführten Laut zu sensibilisieren, kann man verschiedene Möglichkeiten wählen. Eine sehr gut bewährte Variante ist, aus Abc-Büchern vorzulesen, die Geschichten über die einzelnen Laute bzw. Buchstaben, Gedichte, Reime etc. enthalten. Dazu gibt es folgende Aufgaben:

- Welchen Laut hörst du in den meisten Wörtern?
- Welche Wörter mit diesem Laut hast du dir gemerkt?

Der neue Laut und die Wörter werden mehrmals laut wiederholt, denn nicht jedes Kind hört den richtigen Laut und kann ihn korrekt von anderen unterscheiden.

2. Erste phonematische Übung

Phonematische Übungen dienen dem Hören des Lautes, dem Heraushören eines Lautes aus vielen anderen Lauten und dem Unterscheiden von Lauten. Zu jedem Laut finden Sie unter der Überschrift „Erste phonematische Übung“ jeweils eine Tabelle, in der Wörter mit dem neu eingeführten Laut zusammengestellt sind. Dabei wird zwischen der Position des Lautes im Wort – Wortanfang (WA), Wortmitte (WM) und Wortende (WE) – unterschieden. Achtung: **Hier kommt es ausschließlich auf das Hören des behandelten Lautes an. Die Rechtschreibung spielt dabei keine Rolle!** Wir Lehrkräfte kennen die Schriftbilder, aber die Kinder nicht. Für sie ist erst einmal wichtig, dass sie alle Laute richtig hören, heraushören und unterscheiden können. Es steht immer der Klang im Vordergrund, nicht die Schreibweise, denn nur wenn man die Laute richtig hören kann, hat man gute Voraussetzungen für das Lesen- und Schreibenlernen.

3. Phonetische Übung

Lautbildung

Bei phonetischen Übungen geht es um die genaue Bildung von Lauten. Vor der Lautbildung müssen den Kindern die Sprechwerkzeuge bewusst gemacht werden. (Folgende Illustrationen der Sprechwerkzeuge gibt es in groß auf der beigelegten CD.)

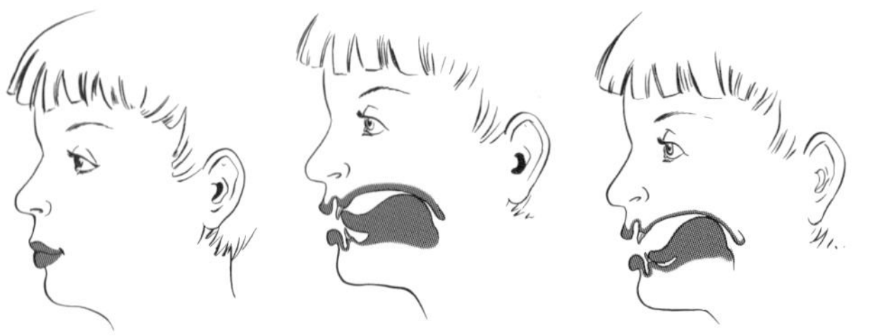

Hierbei hat es sich als hilfreich erwiesen, wenn im Vorfeld der Lautbildung kleine lustige Spiele und Übungen mit den einzelnen Sprechwerkzeugen durchgeführt werden. **Tipp:** Das Buch „Kunterbunt rund um den Mund" enthält eine Fundgrube von pfiffigen Ideen dazu.
Fragen Sie: „Was kann ich alles mit der Zunge, den Lippen, den Zähnen usw. tun?" Durch jede Bewegung mit dem Sprechwerkzeug wird dieses dem Kind bewusster. Bei allen Lautbildungen benutzen die Kinder darüber hinaus kleine Helfer. Das sind Spiegel, die sich entweder im Klassenraum befinden oder von den Kindern mitgebracht werden. Andere kleine Helfer sind Federn, Watteböllchen u. ä. Bei der Arbeit mit den Spiegeln kann die Lehrkraft genau beobachten, ob sich bei den Kindern die Sprechwerkzeuge bei der Bildung der einzelnen Laute an der richtigen Stelle im Mund befinden und ob der Mund richtig geformt ist. Für die Kinder wiederum ist dies eine große Bereicherung für die Selbstwahrnehmung. Übungen zum Bewusstmachen der Sprechwerkzeuge und die sprachliche Bildung der Laute erscheinen mir sehr wichtig, denn Kinder mit Hörwahrnehmungsproblemen können die Lautbildung nutzen, um die Laute, die sie noch nicht oder nicht richtig hören, zu üben. Hört ein Kind z. B. den Laut t nicht genau, dann schaut es bei der Lautbildung in den Spiegel und weiß: „Wenn meine Zunge oben hinter den Schneidezähnen liegt und die Luft herausgesprengt wird, ist das ein t. Sprechen die Kinder die Laute richtig, braucht man diese Übungen nicht weiter auszudehnen.
Schwierigkeiten gibt es häufig bei der Bildung der Verschlusslaute. Die harten Laute hört man nur ganz kurz und ohne Stimme. Jeweils ein harter und ein weicher Laut werden an derselben Sprechstelle gebildet (z. B. d und t werden beide mit der Zunge hinter den Schneidezähnen gebildet). Sie unterscheiden sich nur durch den Luftstrom. Beim Bilden und Üben der Verschlusslaute brauchen die Schüler in der Regel etwas mehr Zeit. Wird dieses Problem von der Lehrkraft nicht erkannt und nur oberflächlich behandelt, treten bei den Schülern immer wieder sehr hartnäckige Rechtschreibfehler auf. Durch ein Training der Hörwahrnehmung und der Lautbildung konnte schon manchem Schüler geholfen werden. Wenn trotz aller Bemühungen keine Minderung der Schwierigkeiten zu spüren ist, sollte die Hörwahrnehmung von einem Fachmann überprüft werden.

Lautgebärden
In diesem Buch greifen wir auf die bekannten und gut eingeführten Kieler Lautgebärden zurück. Sie entstammen dem Kieler Leseaufbau und unterstützen in der Erinnerung des Kindes die Verbindung zwischen Laut und Buchstabe. Sie verankern das Gelernte daher über mehrere Kanäle (sehen, hören, lesen, sprechen, bewegen) in beiden Gehirnhälften. Die Kinder müssen die Gebärdensprache lernen. Im Unterricht wird sie, besonders im Anfangsstadium des Lesenlernens, täglich geübt. Die Lehrkraft zeigt die Gebärde (und später auch Wörter) und die Kinder schreiben den dazugehörigen Buchstaben bzw. die Wörter auf. Diese Übungen kann man frontal oder in Partnerarbeit durchführen lassen. Die Gebärdensprache wird auch als Eselsbrücke beim Lesen und Schreiben benutzt: Soll ein Kind beispielsweise das Wort „Gans" lesen oder schreiben und es weißt nicht, welcher Buchstabe am Wortanfang steht, kann man die Lautgebärde für g, den Gänseschnabel, zeigen und dem Kind fällt der Laut bzw. Buchstabe bestimmt wieder ein.
Für die analytische Arbeit der Lehrkraft sollten die Gebärdenzeichen in Abständen kontrolliert werden. Die meisten Kinder lernen die Gebärdensprache mit Freude. Wir haben den Eltern während eines Elternabends die Gebärdensprache erklärt und ihnen eine Übersicht mit allen Lautgebärden mitgegeben. (Eine Vorlage dazu finden Sie auf der CD.) In vielen Familien verständigten sich die Geschwister daraufhin mit der Gebärdensprache. Kinder mit größeren Problemen brauchen die Lautgebärden längere Zeit zum Lesenlernen. Hier sollte man besonders in der Einzelsituation die Gebärden benutzen lassen, weil sich manche Kinder im Klassenverband schämen, wenn sie die Gebärdenzeichen noch immer benutzen müssen.

Erste Lese- und Sprechübungen
Alle erlernten Laute müssen mit zahlreichen Übungen gefestigt werden. Sobald die ersten Konsonanten bekannt sind, die nach den Vokalen erarbeitet werden, lernen die Schüler das Verschmelzen eines Konsonanten mit einem Vokal. Eine gute Methode zum Verschmelzen der Laute und zum Training der Silben ist der Silbenteppich. Im Band

„Arbeitsmaterial: Laute mit allen Sinnen erarbeiten“, Bestellnummer: 10201, gibt es einen vollständigen Silbenteppich sowie Übungen dazu.

4. Die Buchstaben im Viererfenster

Die Fähigkeit, einem einzelnen Buchstaben den entsprechenden Laut zuordnen zu können, ist eine wichtige Voraussetzung für das spätere Wort- und Textverständnis. Gelingt dies nicht, sind Probleme beim Lesen und Schreiben vorprogrammiert. Die Kinder müssen lernen, dass es für jeden Laut vier Buchstaben gibt, die sich optisch unterscheiden: das große gedruckte A, das kleine gedruckte a, das große geschriebene A und das kleine geschriebene a. Hilfreich dabei sind Viererfenster, die so aussehen:

A	a
A	a

Die Viererfenster sollten im Klassenraum gut sichtbar angebracht werden und so lange da sein, wie die Kinder sie brauchen. Bei Kontrollen können sie verdeckt oder abgenommen werden. Da die Schreibschrift in den einzelnen Bundesländern – und teilweise von Schule zu Schule – unterschiedlich gehandhabt wird, sind die Viererfenster in diesem Buch nur als Beispiel gedacht und sollten nicht als Kopiervorlage genutzt werden.

5. Phonematische Übungen: Tabellen und Beispielsätze

Um richtig lesen und schreiben zu lernen, muss ein Kind in der Lage sein, verschiedene Laute genau zu hören und richtig zu differenzieren. Mit den phonematischen Übungen soll daher herausgefunden werden, an welchen Stellen es bei den Schülern Probleme gibt. Bei allen phonematischen Übungen benutzen die Schüler eine Tabelle wie im unten stehenden Beispiel. Eine Blankotabelle für die Kinder finden Sie als Kopiervorlage auf der beigelegten CD. Die Tabellen für die Lehrerhand finden Sie bei jedem Laut hier im Buch.

Phonematische Tabelle zum Heraushören der Laute – Beispiel

Tabelle für die Lehrkraft			Tabelle für das Kind (Lösungen)				
	Übung 1	Übung 2		Übung 1	Übung 2		
	a	WA, WM, WE		Laut: …	WA	WM	WE
1.	Ali	Abend	1.	a	a		
2.	Loni	Ader	2.		a		
3.	Kahn	Tomate	3.	a		a	
4.	Marie	Anis	4.	a	a		
5.	aber	Kahn	5.	a		a	
6.	Sahne	Rita	6.	a			a
7.	Mode	Affe	7.		a		
8.	malen	Adam	8.	a	a	a	
9.	Rose	baden	9.			a	
10.	Waage	Tina	10.	a			a

Für die Lehrkraft
Übung 1 (siehe Spalte a) umfasst jeweils 10 Wörter, die die Lehrkraft den Kindern langsam und mit einer Pause nach jedem Wort vorliest. Im Tabellenkopf ist vermerkt, um welchen Laut es geht, hier also um das a. Frage: „In welchen Wörtern hörst du den Laut a?“ (Hinweis: Alle Laute in den Tabellen und im Text werden als kleingedruckte Buchstaben dargestellt.)

Übung 2 enthält Wörter, bei denen die Kinder entscheiden müssen, an welcher Stelle im Wort sie den betreffenden Laut hören, also WA (Wortanfang), WM (Wortmitte) oder WE (Wortende). Hier geht es um die Frage: „An welcher Stelle im Wort hörst du den Laut a?“ Die Lehrkraft nennt die vier dazugehörigen Arbeitsanweisungen, die einen Algorithmus bilden und die immer wieder vorkommen:

1. Ich sage das Wort.
2. Sprich nach und übe am Spiegel!
   (Die Schüler kennen die Lautbildung dieses Lautes und prüfen im Spiegel, ob die Mundform stimmt und ob sich alle Sprechwerkzeuge an der richtigen Stelle befinden. Sie sprechen halblaut vor sich hin.)
3. Überlege genau!
4. Trage den Buchstaben ein!

Anschließend erfolgt die gemeinsame Kontrolle. Die Lehrkraft nennt nochmals das Wort und die Schüler antworten. Fehlerwörter werden erneut durch sehr deutliches Sprechen geübt. Ganz zu Beginn wird der Umgang mit dieser Tabelle erklärt. Die erste Tabelle kann gemeinsam ausgefüllt werden.

Der Mund der Lehrkraft ist beim Sprechen verdeckt, damit die Kinder die Sprechwerkzeuge der Lehrkraft nicht sehen und nicht von ihrem Mund ablesen können. Mitunter sind auch Wörter dabei, in denen der zu identifizierende Laut mehrfach zu hören ist, z. B. **Adam**: a am Wortanfang und in der Wortmitte. Kinder, die den Laut einmal hören, haben die Aufgabe richtig gelöst. Pfiffige Schüler, die den Laut korrekt noch einmal im Wort hören, werden mit Lob belohnt. Hören die Kinder kein a in einem Wort, bleibt die Zeile in der entsprechenden Spalte frei. Anschließend wiederholt die Lehrkraft nochmals langsam die Wörter. Die Schüler führen eine Eigenkontrolle durch und können sich noch korrigieren.

Für die Schüler

Vor jedem Schüler liegt ein Arbeitsblatt „Tabellen für phonematische Übungen zum Heraushören der Laute". (Vorlage siehe CD). Jede Tabelle ist in 5 Spalten eingeteilt. In Spalte 1 stehen die Zahlen für die 10 Wörter. In Spalte 2 steht im Tabellenkopf „Laut: …" Auf diese gepunktete Linie schreiben die Schüler den Laut, den sie heraushören sollen. Damit wird der Laut noch einmal bewusst gemacht. Dann achten sie auf die Arbeitsanweisungen der Lehrkraft und tragen ihr Ergebnis von Übung 1 in diese Spalte ein.

In die Spalten WA, WM und WE tragen die Schüler die Ergebnisse von Übung 2 ein. Dabei müssen sie wieder nach den Arbeitsanweisungen der Lehrkraft handeln. Am Spiegel, der hier unbedingt benötigt wird, sprechen sie mehrfach die Wörter halblaut vor sich hin, achten auf die Stellung der Sprechwerkzeuge und entscheiden, an welcher Stelle im Wort der betreffende Laut zu hören ist.

Auswertung der Tabellen, Analysen

Schließlich wertet die Lehrkraft die Übung für sich aus und trägt in einem Analyseheft die Problemlaute der betreffenden Kinder ein. Die Ergebnisse der Wahrnehmungsübungen enthüllen Schwachstellen der Schüler in der Hörwahrnehmung. Zusammen mit den Ergebnissen der LRS-Diagnostik dienen sie als Grundlage für die analytische Arbeit. Bei Kindern mit Hörwahrnehmungsproblemen besteht die Möglichkeit, sie von einem HNO-Arzt oder von einem Physiotherapeuten untersuchen zu lassen. Die Personen müssen die spezielle Ausbildung nach Fred Warnke vorweisen können. Die meisten Physiotherapien bieten dazu auch Trainingsprogramme an.

Gerade bei den ähnlich klingenden Lauten wie bei den Verschlusslauten b–p, d–t, g–k und bei w–f, ch_1–sch, ch_2–r, j–ch_1 muss die Lautbildung bewusst sein. Nur dann kann man Unterscheidungsübungen durchführen. Die Kinder werden praktisch gezwungen, die Sprechwerkzeuge zu benutzen, um die Unterschiede zu erkennen. Bei den harten Lauten, bei denen die Luft herausgesprengt wird, setzt man Federn oder Wattebällchen als kleine Helfer ein. Man legt diese auf den Handrücken, sodass sie beim Sprechen durch den herausgesprengten Luftstrom wegfliegen.

Phonematische Tabelle zum Unterscheiden von Lauten

Lehrkraft		Schüler	
	d oder t?		**d oder t? (Lösungen)**
1.	Diener	1.	d
2.	Tina	2.	t
3.	Tusche	3.	t
4.	Dusche	4.	d
5.	leider	5.	d
6.	Leiter	6.	t
7.	reden	7.	d
8.	Dieter	8.	d, t
9.	Schaden	9.	d
10.	Schatten	10.	t

(Auch für solche Unterscheidungsübungen finden Sie eine Blankovorlage auf der CD.) Kommen in einem Wort beide ähnlich klingenden Laute vor, z. B.: „Dieter", ist es anfangs wichtig, dass die Schüler wenigstens einen betreffenden Laut hören. Wer schon zwei Laute hört, hat vielleicht weniger Hörwahrnehmungsprobleme und wird mit Lob belohnt. Für manch anderen Schüler ist das ein Ansporn, noch genauer hinzuhören.

6. Optische Übungen

Zu jedem Buchstaben bietet sich der Einsatz von farbigen Arbeitsblättern an, auf denen jeweils viele große und kleine gedruckte Buchstaben eines Lautes und ähnliche Formen, auch seitenverkehrt, zu sehen sind. (Solche Arbeitsblätter sind relativ einfach selbst herzustellen. Entsprechende Vorlagen sind überdies im Band „Arbeitsmaterial: Laute mit allen Sinnen erarbeiten", Bestellnr.: 10201, enthalten.) Beispielaufgabe:

Kreise alle **T** rot ein! Kreise alle **t** grün ein! Zähle sie und schreibe die Zahl daneben!
T =
t =
Überprüfe alles noch einmal!

Hinweis: Ab „Lautgewinnung N, n" (s. S. 43) gibt es aus Platzgründen keinen ausformulierten Text mehr zu den optischen und den taktilen Übungen.

7. Taktile / kinästhetische Übungen

In eine Fühlkiste, die aus Pappe, Holz oder anderem Material besteht, werden verschiedene Gegenstände gelegt. Die Namen der Gegenstände können den behandelten Buchstaben enthalten, müssen das aber nicht. Die Kinder sollen die Gegenstände erfühlen, benennen und sagen, ob sie den betreffenden Laut in dem Wort hören oder nicht. Anschließend wird noch die Stelle im Wort, an der der Laut zu hören ist, genannt. Statt der Fühlkiste kann auch ein Fühlsäckchen o. ä. verwendet werden.

Andere Gestaltungsmöglichkeiten
Zur Schulung der Feinmotorik der Hände können die Schüler die Buchstaben kneten, bauen, stempeln, ausschneiden, malen, gestalten u.a. Die Buchstaben können auch mit Steinchen gelegt werden oder mit einem Seil, worauf die Kinder mit den Füßen die Form ertasten können. Zum Ertasten mit den Händen kann beispielsweise eine in Form gelegte Schnur benutzt werden. Wichtig dabei ist, dass die Form der Buchstaben genau ertastet wird und die Kinder sie sich somit besser einprägen und verinnerlichen können.

8. Zungenbrecher und Reimwörter

Zungenbrecher und Reimübungen sind gut geeignet, um die phonologische Bewusstheit und auch die Sprache zu fördern. Bei den Zungenbrechern und Reimwörtern spielt die Rechtschreibung zunächst keine Rolle. Im Vordergrund steht der Klang, nicht die Schreibweise. Die Schreibweise kennen nur die Erwachsenen. Kinder, die das Schreiben erst noch lernen müssen, kennen das Schriftbild jedoch (noch) nicht. Wichtig ist, dass die Kinder viele Sprech- und Hörübungen machen, also selbst tätig sind und sich nicht passiv berieseln lassen. Daher werden die Kinder angeregt, selbst Reime und Zungenbrecher zu erfinden, und das nicht nur in der Schule, sondern auch zu Hause und in der Freizeit, beim Autofahren, bei der Küchenarbeit, beim Spazierengehen usw. Achtung: Reimwörter können erst dann schriftlich geübt werden, wenn die Laute und Buchstaben, die zum Schreiben des Wortes gebraucht werden, erarbeitet worden sind.

9. Schreibübungen

a) Buchstaben und Buchstabenverbindungen
Schreibübungen der Buchstaben können erst durchgeführt werden, wenn deren Form im Wesentlichen erfasst wurde. Deshalb schreibt die Lehrkraft die Buchstaben groß und dick an die Tafel, weist auf Schwierigkeiten hin und kennzeichnet diese farbig. Anschließend führen die Schüler einige Vorübungen durch: Nach dem Vorbild der Lehrkraft schreiben die Schüler beispielsweise die Buchstaben in die Luft und mit den Fingern auf den Schultisch. Danach werden die Buchstaben nacheinander zunächst mit Fasermalern auf A4-Blättern ohne Eingrenzung geübt. Die Eingrenzung der Buchstabengröße erfolgt erst einmal in großen Zeilen auf der Rückseite des A4-Blattes. Die Zeilen werden noch etwas verkleinert, bis man zu den Zeilen im Heft übergeht. Im Heft schreiben die Schüler mit Füller. Schwierige Buchstabenverbindungen sollten so ebenfalls besonders geübt werden.

b) Übungswörter
Es hat sich bewährt, nach jeder Lauteinführung 10 bis 15 Übungswörter rechtschreiblich zu üben; anfangs sind es selbstverständlich weniger. Aus Erfahrung kann ich sagen, dass man bei LRS-Kindern dem Training der Laute, Buchstaben, Silben und Wörter mehr Bedeutung beimessen muss als bei Schülern in Grundschulregelklassen.

Hinweis: Die Nummerierung der einzelnen Übungen kann an einigen Stellen – abhängig von den Erfordernissen des jeweiligen Lautes – von der hier vorgestellten Abfolge abweichen.

Lautgewinnung A, a

1. Einführung

siehe „Erste phonematische Übung“ oder
eine Geschichte mit A-Wörtern ausdenken oder
eine entsprechende Geschichte aus einem „Abc-Buch“ vorlesen oder
einen Zungenbrecher vorsprechen oder Reimwörter nennen und fragen:

- Welchen Laut hörst du in den meisten Wörtern?
- Welche Wörter mit diesem Laut hast du dir gemerkt?

2. Erste phonematische Übung

Welchen Laut hörst du in allen Wörtern? (Die Lehrkraft spricht vor, die Kinder sprechen nach.)

Wortanfang (WA)	Wortmitte (WM)	Wortende (WE)
Ali, Anis, Anita*	Hase, Nase, Dame	Mia, Ria
aber, Adele	Haare, Karin, Jahr	Lena, Lora
Ader, Aal, Alexander*	Waage, lahm, quaken	Laura, lila
Affe**, Abend	fahren, zahm, Karoline	Tina, Kobra
Ameise	raten, Radio, Bahn, Plan	Ina, Opa
Anton**, Antenne**, Asterix**	Jahr, Schale, malen	Rita, Tuba
Albert**, Anja*, Antje**	Marie, Blase, Vater	Oma
Anne**, Aquarium*, Aprikose**	Hahn, Gras, Maria*	Mofa
Arznei**, Angler**	Sahne, Salz**, Kran	Sofa
Arbeiter**, arbeiten**	Saal, Samen, Karo	Sauna

* In diesen Wörtern hört man mehrere a an verschiedenen Stellen im Wort.
** Durch die folgende Mitlauthäufung wird das a kurz ausgesprochen.
(Es kommt selten vor, dass Kinder den a-Laut gar nicht hören.)

Hinweise: Die Tabelle kann ergänzt werden. Berücksichtigen Sie dabei auch – falls möglich – die Namen der Kinder in der Klasse. („Welche Wörter kennt ihr noch?“ Die Kinder ergänzen.)

3. Phonetische Übung

Hinweis: Die Kinder schauen in ihre Spiegel und benutzen bewusst ihre Sprechwerkzeuge.

Lautbildung
Der Mund ist weit geöffnet, die Lippen bilden eine Rundung. Die Zunge liegt flach und ohne Anspannung im Mund. Die Zungenspitze zeigt nach vorn. Der Laut a drückt Erstaunen aus.

Lautgebärde
Zeigefinger und Daumen beider Hände bilden in Anlehnung an das gedruckte A ein Dreieck in Höhe des Halses. Die Figur symbolisiert zugleich die weite Mundöffnung beim Sprechen des a.

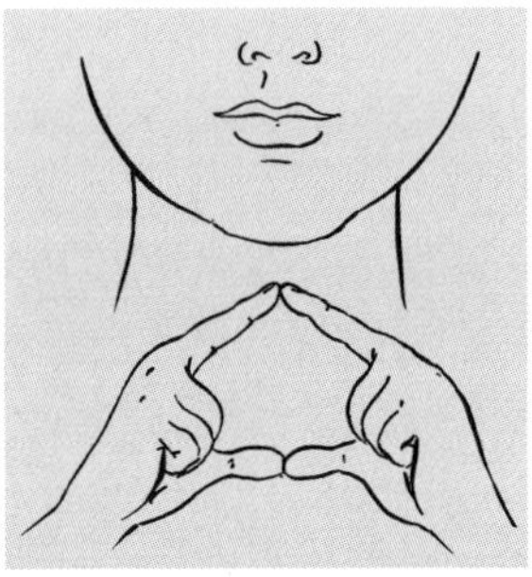

4. Die Buchstaben im Viererfenster

Es gibt 4 verschiedene Buchstaben für den Laut a:
das große gedruckte **A,** das kleine gedruckte **a**
das große geschriebene *A*, das kleine geschriebene *a*

A	a
A	*a*

Übungen mit dem Viererfenster
Die Lehrkraft nennt den Laut und die Kinder schreiben einen Buchstaben dazu auf. Welchen Buchstaben die Schüler schreiben sollen, hängt von der jeweiligen Aufgabenstellung ab. Es können nur der große oder nur der kleine oder auch beide Buchstaben, die zu dem Laut gehören, aufgeschrieben werden.

5. Phonematische Übungen

Übung 1: In welchen Wörtern hörst du den Laut a?

Arbeitsanweisungen:
1. Ich sage das Wort. / 2. Sprich nach und übe am Spiegel! / 3. Überlege genau! / 4. Trage den Buchstaben ein!

Übung 2: An welcher Stelle im Wort hörst du den Laut a? (Die Arbeitsanweisungen sind dieselben wie bei Übung 1.)

Hinweise: Beide Übungen werden hintereinander durchgeführt. Während des Sprechens und Hörens schauen die Kinder in ihre Spiegel. Der Mund der Lehrkraft wird mit einem Blatt verdeckt.

Tabelle für die Lehrkraft			**Tabelle für das Kind (Lösungen)**				
	Übung 1	Übung 2		Übung 1	Übung 2		
	a	**WA, WM, WE**		**Laut: ...**	**WA**	**WM**	**WE**
1.	Ali	Abend	1.	a	a		
2.	Loni	Ader	2.		a		
3.	Kahn	Tomate	3.	a		a	
4.	Marie	Anis	4.	a	a		
5.	aber	Kahn	5.	a		a	
6.	Sahne	Rita	6.	a			a
7.	Mode	Affe	7.		a		
8.	malen	Adam	8.	a	a	a	
9.	Rose	baden	9.			a	
10.	Waage	Tina	10.	a			a

Die Lehrkraft wertet die Übungen aus und erfährt so, welches Kind den Laut nicht oder nur ungenau hört.

Wie viele a hörst du in den einzelnen Sätzen?
1. Ali und Jan angeln einen Barsch. (4)
2. Vater kam um acht von der Arbeit nach Hause. (5)
3. Anja bereitet Tomatensalat für das Abendbrot vor. (7)

6. Optische Übungen

Vor den Kindern liegt ein Blatt, auf dem viele große A und kleine a sowie ähnliche Formen, auch seitenverkehrt, zu sehen sind. Die Aufgabe für die Schüler lautet: Kreise die A, a mit verschiedenen Farben ein und zähle sie.

7. Taktile / kinästhetische Übungen

Fühlkiste
Aufgaben: Welche Gegenstände ertastest du?
In welchen Wörtern hörst du ein a? In welchen Wörtern hörst du kein a?
An welcher Stelle im Wort hörst du den Laut a?

Andere Gestaltungsmöglichkeiten
Es gibt viele Möglichkeiten, Laute mit allen Sinnen erlebbar zu machen, zum Beispiel: A, a kneten, mit Steckbausteinen oder mit Teilen aus dem Metallbaukasten bauen, A, a mit einem Seil oder mit Steinchen legen und barfuß darauf entlanggehen. Weitere Möglichkeiten sind: Buchstaben stempeln, malen, als Collage gestalten, töpfern, aus Stoff ausschneiden usw.

8. Zungenbrecher und Reimwörter

Zu jedem Laut sollten die Schüler einen Zungenbrecher lernen. Bei den Zungenbrechern und Reimwörtern spielt die Rechtschreibung zunächst keine Rolle. Im Vordergrund steht der Klang, nicht die Schreibweise. Die Lehrkraft muss hierbei immer wieder darauf achten, dass die Kinder deutlich sprechen.

Zungenbrecher
mündlich: Alte Aachener Angler angeln am Aachener Angelteich.
Am Aachener Angelteich angeln alte Aachener Angler.

Reimwörter
mündlich: Aal – Wal – kahl – Stahl, Mofa – Sofa, Vater – Kater, Bahn – Hahn – Zahn – Kahn – Hase – Vase – Blase, Fahne – Sahne

9. Schreibübungen

a) Buchstabe
Die Buchstaben A, a mit dickem Fasermaler schreiben, groß beginnen, kleiner werden; zuletzt mit Füller ins Heft oder auf ein Arbeitsblatt schreiben.

Lautgewinnung E, e

1. Einführung

siehe „Erste phonematische Übung" oder
eine Geschichte mit E-Wörtern ausdenken oder
eine entsprechende Geschichte aus einem „Abc-Buch" lesen oder
einen Zungenbrecher vorsprechen oder Reimwörter nennen und fragen:

- Welchen Laut hörst du in den meisten Wörtern?
- Welche Wörter mit diesem Laut hast du dir gemerkt?

2. Erste phonematische Übung

Welchen Laut hörst du in allen Wörtern? (Die Lehrkraft spricht vor, die Kinder sprechen nach.)

Wortanfang (WA)	Wortmitte (WM)	Wortende (WE)
Erika, Emil	Lehm, Mehl	Fee, See
Elisabeth*, Eva	Samuel, Manuel	Schnee, Klee
Elisa, Elias	stets, geht, weht	Reh, Zeh
Emma**, Emanuel*	Meer, Lea, Leo	Idee, Allee
Eduard, Ekel*	sehr, leer, quer	Tee, Kaffee
Edith, Efeu	Hering, Regulator	
elegant*	Beet, Teer, Heer	
Eboroscho*	legt, fegt, bewegt	
	jede	

* In diesen Wörtern hört man mehrere e an verschiedenen Stellen im Wort.
** Durch die folgende Mitlauthäufung wird das e kurz ausgesprochen.
Achtung! Hier können erste Hörwahrnehmungsschwierigkeiten auftreten.

Hinweise: Die Tabelle kann ergänzt werden. Berücksichtigen Sie dabei auch – falls möglich – die Namen der Kinder in der Klasse. („Welche Wörter kennt ihr noch?" Die Kinder ergänzen.)

3. Phonetische Übung

Hinweis: Die Kinder schauen in ihre Spiegel und benutzen bewusst ihre Sprechwerkzeuge.

Lautbildung

Die Lippen sind breit gezogen und der Mund ist etwas geöffnet. Die Mundwinkel sind angespannt. Die Zungenspitze liegt hinter den unteren Schneidezähnen. Der Laut drückt Selbstbehauptung aus.

Lautgebärde

Daumen und Zeigefinger der starken Hand (bei Linkshändern ist es die linke Hand) werden weit auseinandergespreizt. Sie werden in Mundhöhe so gehalten, dass sie den breiten Mund beim Sprechen des e symbolisch noch breiter machen. Das Gesicht wird dabei nicht berührt.

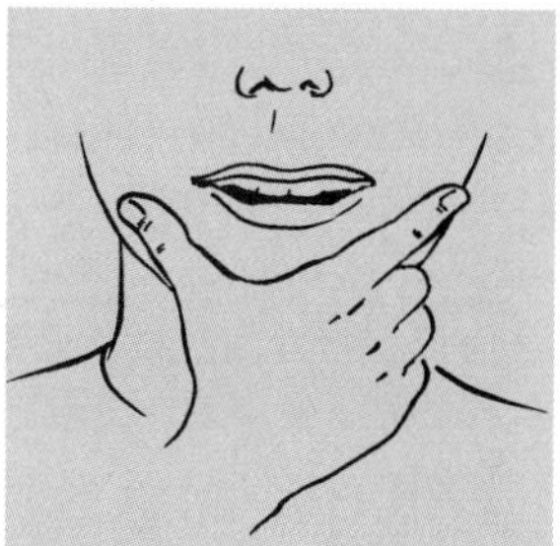

4. Die Buchstaben im Viererfenster

Es gibt 4 verschiedene Buchstaben für den Laut e:
das große gedruckte **E,** das kleine gedruckte **e**
das große geschriebene *E*, das kleine geschriebene *e*

E	e
E	*e*

Übungen mit dem Viererfenster

Die Lehrkraft nennt den Laut und die Kinder schreiben einen Buchstaben dazu auf. Welchen Buchstaben die Schüler schreiben sollen, hängt von der jeweiligen Aufgabenstellung ab. Es können nur der große oder nur der kleine oder auch beide Buchstaben, die zu dem Laut gehören, aufgeschrieben werden.

5. Phonematische Übungen

Übung 1: In welchen Wörtern hörst du den Laut e?

Arbeitsanweisungen:

1. Ich sage das Wort. / 2. Sprich nach und übe am Spiegel! / 3. Überlege genau! / 4. Trage den Buchstaben ein!

Übung 2: An welcher Stelle im Wort hörst du den Laut e? (Die Arbeitsanweisungen sind dieselben wie bei Übung 1.)

Hinweise: Beide Übungen werden hintereinander durchgeführt. Während des Sprechens und Hörens schauen die Kinder in ihre Spiegel. Der Mund der Lehrkraft wird mit einem Blatt verdeckt.

Tabelle für die Lehrkraft			Tabelle für das Kind (Lösungen)				
	Übung 1	Übung 2		Übung 1	Übung 2		
	e	WA, WM, WE		Laut: ...	WA	WM	WE
1.	Emil	Erika	1.	e	e		
2.	Mehl	Reni	2.	e		e	
3.	Esel	Schnee	3.	e			e
4.	Haus	Lea	4.			e	
5.	Lilo	Beet	5.			e	
6.	Elisa	Ede	6.	e	e		e
7.	See	Fee	7.	e			e
8.	Sonja	Mehl	8.			e	
9.	Lehm	Ecke	9.	e	e		e
10.	Eber	elegant	10.	e	e	e	

Die Lehrkraft wertet die Übungen aus und erfährt so, welches Kind den Laut nicht oder nur ungenau hört.

Wie viele e hörst du in den einzelnen Sätzen?

1. Elisa fegt den Hof. (3)
2. Emanuel spielt jede freie Minute Trompete. (8)
3. Erika legt die Leine auf das Beet. (4)

6. Optische Übungen

Vor den Kindern liegt ein Blatt, auf dem viele große E und kleine e sowie ähnliche Formen, auch seitenverkehrt, zu sehen sind. Die Aufgabe für die Schüler lautet: Kreise die E, e mit verschiedenen Farben ein und zähle sie.

7. Taktile / kinästhetische Übungen

Fühlkiste
Aufgaben: Welche Gegenstände ertastest du?
In welchen Wörtern hörst du ein e? In welchen Wörtern hörst du kein e?
An welcher Stelle im Wort hörst du den Laut e?

Andere Gestaltungsmöglichkeiten
Es gibt viele Möglichkeiten, Laute mit allen Sinnen erlebbar zu machen, zum Beispiel: E, e kneten, mit Steckbausteinen oder mit Teilen aus dem Metallbaukasten bauen, E, e mit einem Seil oder mit Steinchen legen und barfuß darauf entlanggehen. Weitere Möglichkeiten sind: Buchstaben stempeln, malen, als Collage gestalten, töpfern, aus Stoff ausschneiden usw.

8. Zungenbrecher und Reimwörter

Zu jedem Laut sollten die Schüler einen Zungenbrecher lernen. Bei den Zungenbrechern und Reimwörtern spielt die Rechtschreibung zunächst keine Rolle. Im Vordergrund steht der Klang, nicht die Schreibweise. Die Lehrkraft muss hierbei immer wieder darauf achten, dass die Kinder deutlich sprechen.

Zungenbrecher
mündlich: Esel essen Nesseln gern.
Nesseln essen Esel gern.

Reimwörter
mündlich: Klee – See – Idee – Reh – Schnee – Fee, Heer – Meer – Teer,
Segel – Kegel – Regel – Pegel – Schlegel

9. Schreibübungen

a) Buchstabe
Die Buchstaben E, e mit dickem Fasermaler schreiben, groß beginnen, kleiner werden; zuletzt mit Füller ins Heft oder auf ein Arbeitsblatt schreiben.

Lautgewinnung I, i

1. Einführung

siehe „Erste phonematische Übung“ oder
eine Geschichte mit I-Wörtern ausdenken oder
eine entsprechende Geschichte aus einem „Abc-Buch“ lesen oder
einen Zungenbrecher vorsprechen oder Reimwörter nennen und fragen:

- Welchen Laut hörst du in den meisten Wörtern?
- Welche Wörter mit diesem Laut hast du dir gemerkt?

2. Erste phonematische Übung

Welchen Laut hörst du in allen Wörtern? (Die Lehrkraft spricht vor, die Kinder sprechen nach.)

Wortanfang (WA)	Wortmitte (WM)	Wortende (WE)
Ida, Irina*, Ina, Iris*	Biene, Bieber, Tiger	Marie, Natalie
Igel, Iglu	Rita, Tino, Tina, Dieter	Susi
ihr, ihm, ihn	Liter, Sieb, Spiel	die, sie
Irak, Iran	Miete, sieben, spielen	Toni, Moni
Idee	Bier, vier, viel	Mutti, Ali
Irene	Ziel, Ziege, ziehen	Vati
Inge	Krieg, Frieden	Knie
Italien*	Tier, kriegen, Giebel	nie
Iltis* **	Sirene, Fliege, fliegen	Vieh
Imker**	liegen, Liege	wie

* In diesen Wörtern hört man mehrere i an verschiedenen Stellen im Wort.
** Durch die folgende Mitlauthäufung wird das i kurz ausgesprochen.
Achtung! Hier können erste Hörwahrnehmungsschwierigkeiten auftreten!

Hinweise: Die Tabelle kann ergänzt werden. Berücksichtigen Sie dabei auch – falls möglich – die Namen der Kinder in der Klasse. („Welche Wörter kennt ihr noch?“ Die Kinder ergänzen.)

3. Phonetische Übung

Hinweis: Die Kinder schauen in ihre Spiegel und benutzen bewusst ihre Sprechwerkzeuge.

Lautbildung
Die Lippen sind breit gezogen, der Mund bildet einen schmalen Spalt. Der Laut i drückt Lachen, Freude, Wohlgefallen, aber auch Ekel, Abscheu, Schadenfreude aus. Das i hört man beim Quieken, Piepen, Kikeriki rufen.

Lautgebärde
Der Zeigefinger tippt leicht auf den Kopf und deutet damit den i-Punkt an, den man oben auf dem kleinen i nicht vergessen darf.

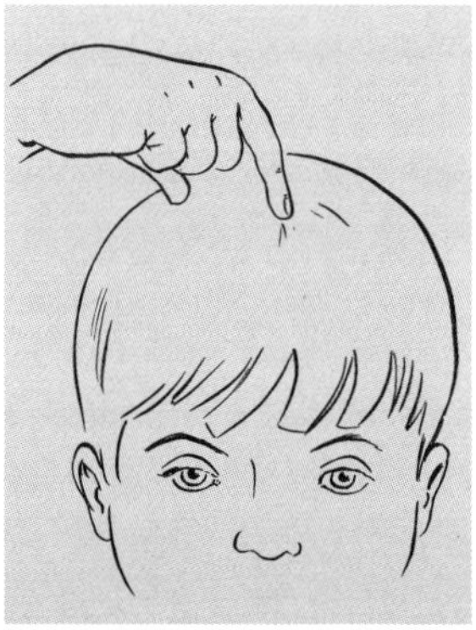

4. Die Buchstaben im Viererfenster

Es gibt 4 verschiedene Buchstaben für den Laut i:
das große gedruckte **I**, das kleine gedruckte **i**
das große geschriebene *J*, das kleine geschriebene *i*

I	i
J	*i*

Übungen mit dem Viererfenster

Die Lehrkraft nennt den Laut und die Kinder schreiben einen Buchstaben dazu auf. Welchen Buchstaben die Schüler schreiben sollen, hängt von der jeweiligen Aufgabenstellung ab. Es können nur der große oder nur der kleine oder auch beide Buchstaben, die zu dem Laut gehören, aufgeschrieben werden.

5. Phonematische Übungen

Übung 1: In welchen Wörtern hörst du den Laut i?

Arbeitsanweisungen:

1. Ich sage das Wort. / 2. Sprich nach und übe am Spiegel! / 3. Überlege genau! / 4. Trage den Buchstaben ein!

Übung 2: An welcher Stelle im Wort hörst du den Laut i? (Die Arbeitsanweisungen sind dieselben wie bei Übung 1.)

Hinweise: Beide Übungen werden hintereinander durchgeführt. Während des Sprechens und Hörens schauen die Kinder in ihre Spiegel. Der Mund der Lehrkraft wird mit einem Blatt verdeckt.

Tabelle für die Lehrkraft			Tabelle für das Kind (Lösungen)				
	Übung 1	Übung 2		Übung 1	Übung 2		
	i	WA, WM, WE		Laut: ...	WA	WM	WE
1.	Ina	Igel	1.	i	i		
2.	Idee	Knie	2.	i			i
3.	Peter	zielen	3.			i	
4.	Vieh	Frieden	4.	i		i	
5.	Rübe	Irene	5.		i		
6.	Riese	Ingo	6.	i	i		
7.	Käse	Sieb	7.			i	
8.	Ida	Marie	8.	i			i
9.	vier	Toni	9.	i			i
10.	Meise	Irina	10.		i	i	

Die Lehrkraft wertet die Übungen aus und erfährt so, welches Kind den Laut nicht oder nur ungenau hört.

Wie viele i hörst du in den einzelnen Sätzen?

1. Ina und Rita kriechen wie Tiere herum. (5)
2. Viele Kinder liegen auf der Wiese. (4)
3. Vati und Toni fliegen am vierten Juni nach Griechenland. (6)

Phonematische Übung am Spiegel

Die Laute i und e klingen ähnlich und werden ähnlich gebildet. Kinder mit Wahrnehmungsproblemen können hier Schwierigkeiten haben. Deshalb werden an dieser Stelle nochmals die Unterschiede bei der Lautbildung bewusst gemacht und das Heraushören und Unterscheiden der Laute geübt.

Aufgabe: Welchen Laut hörst du in folgenden Wörtern: i oder e?

Arbeitsanweisungen:
1. Ich sage das Wort. / 2. Sprich nach und übe am Spiegel! / 3. Überlege genau! / 4. Trage den Buchstaben ein!

Lehrkraft		Schüler	
	i oder e?		i oder e? (Lösungen)
1.	Ina	1.	i
2.	Rita	2.	i
3.	lesen	3.	e, e
4.	ihr	4.	i
5.	Erika	5.	e, i
6.	Iglu	6.	i
7.	Tee	7.	e
8.	Teer	8.	e
9.	Tier	9.	i
10.	Miete	10.	i, e

6. Optische Übungen

Vor den Kindern liegt ein Blatt, auf dem viele große I und kleine i sowie ähnliche Formen, auch seitenverkehrt, zu sehen sind. Die Aufgabe für die Schüler lautet: Kreise die I, i mit verschiedenen Farben ein und zähle sie.

7. Taktile / kinästhetische Übungen

Fühlkiste
Aufgaben: Welche Gegenstände ertastest du?
In welchen Wörtern hörst du ein i? In welchen Wörtern hörst du kein i?
An welcher Stelle im Wort hörst du den Laut i?

Andere Gestaltungsmöglichkeiten
Es gibt viele Möglichkeiten, Laute mit allen Sinnen erlebbar zu machen, zum Beispiel: I, i kneten, mit Steckbausteinen oder mit Teilen aus dem Metallbaukasten bauen, I, i mit einem Seil oder mit Steinchen legen und barfuß darauf entlanggehen. Weitere Möglichkeiten sind: Buchstaben stempeln, malen, als Collage gestalten, töpfern, aus Stoff ausschneiden usw.

8. Zungenbrecher und Reimwörter

Zu jedem Laut sollten die Schüler einen Zungenbrecher lernen. Bei den Zungenbrechern und Reimwörtern spielt die Rechtschreibung zunächst keine Rolle. Im Vordergrund steht der Klang, nicht die Schreibweise. Die Lehrkraft muss hierbei immer wieder darauf achten, dass die Kinder deutlich sprechen.

Zungenbrecher
Igel Ida liegt im Igelhaus.
Im Igelhaus liegt Igel Ida.

Reimwörter
mündlich: liegen – biegen – fliegen – kriegen, Tier – Bier – vier, Dieb – Sieb – er blieb, Ina – Tina – Lina, sieben – schieben

9. Schreibübungen

a) Buchstabe
Die Buchstaben I, i mit dickem Fasermaler schreiben, groß beginnen, kleiner werden; zuletzt mit Füller ins Heft oder auf ein Arbeitsblatt schreiben.

Lautgewinnung O, o

1. Einführung

siehe „Erste phonematische Übung“ oder
eine Geschichte mit O-Wörtern ausdenken oder
eine entsprechende Geschichte aus einem „Abc-Buch“ lesen oder
einen Zungenbrecher vorsprechen oder Reimwörter nennen und fragen:

- Welchen Laut hörst du in den meisten Wörtern?
- Welche Wörter mit diesem Laut hast du dir gemerkt?

2. Erste phonematische Übung

Welchen Laut hörst du in allen Wörtern? (Die Lehrkraft spricht vor, die Kinder sprechen nach.)

Wortanfang (WA)	Wortmitte (WM)	Wortende (WE)
Oma, Opa, Olaf	Tor, Torf, Ton	Zoo, Lilo, Momo*
oder	Bohrer, Tochter	Klo, Po
Ofen, Ober	Bohne	roh
ohne	Mohn, Sohn, Lohn	Floh
Ohr	wohnen, Kohle	Stroh
Olga**	Rom, Gold, Sohle	so, wo
Ort**, Onkel**	Chor, rot, Robert	froh
Olympia	schon, holen, Hort	Domino*
Ochse**	Norden, jodeln	Auto, Tino, Tilo
Otter**, Otto* **	von, vor, vom	Salto

* In diesen Wörtern hört man mehrere o an verschiedenen Stellen im Wort.
** Durch die folgende Mitlauthäufung wird das o kurz ausgesprochen.
Achtung! Hier können erste Hörwahrnehmungsschwierigkeiten auftreten.

Hinweise: Die Tabelle kann ergänzt werden. Berücksichtigen Sie dabei auch – falls möglich – die Namen der Kinder in der Klasse. („Welche Wörter kennt ihr noch?“ Die Kinder ergänzen.)

3. Phonetische Übung

Hinweis: Die Kinder schauen in ihre Spiegel und benutzen bewusst ihre Sprechwerkzeuge.

Lautbildung

Die Lippen bilden ein rundes Loch und sind leicht angespannt. Der Laut o drückt Erstaunen und Freude aus, aber auch Bedauern, Enttäuschung, Protest. (Die Kinder können die Hände über dem Kopf zusammenschlagen und „O“ rufen.)

Lautgebärde

Der Zeigefinger fährt einmal um den Mund herum und deutet damit die Form des o und den „runden Mund“ an.

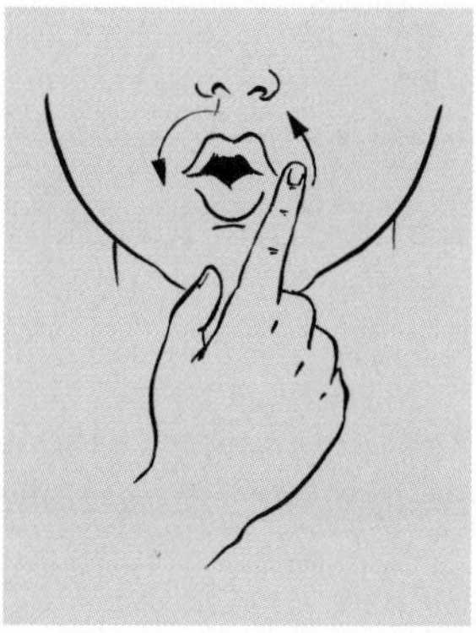

4. Die Buchstaben im Viererfenster

Es gibt 4 verschiedene Buchstaben für den Laut o:
das große gedruckte **O**, das kleine gedruckte **o**
das große geschriebene *O*, das kleine geschriebene *o*

O	o
O	*o*

Übungen mit dem Viererfenster
Die Lehrkraft nennt den Laut und die Kinder schreiben einen Buchstaben dazu auf. Welchen Buchstaben die Schüler schreiben sollen, hängt von der jeweiligen Aufgabenstellung ab. Es können nur der große oder nur der kleine oder auch beide Buchstaben, die zu dem Laut gehören, aufgeschrieben werden.

5. Phonematische Übungen

Übung 1: In welchen Wörtern hörst du den Laut o?

Arbeitsanweisungen:
1. Ich sage das Wort. / 2. Sprich nach und übe am Spiegel! / 3. Überlege genau! / 4. Trage den Buchstaben ein!

Übung 2: An welcher Stelle im Wort hörst du den Laut o? (Die Arbeitsanweisungen sind dieselben wie bei Übung 1.)

Hinweise: Beide Übungen werden hintereinander durchgeführt. Während des Sprechens und Hörens schauen die Kinder in ihre Spiegel. Der Mund der Lehrkraft wird mit einem Blatt verdeckt.

Tabelle für die Lehrkraft			Tabelle für das Kind (Lösungen)				
	Übung 1	Übung 2		Übung 1	Übung 2		
	o	WA, WM, WE		Laut: ...	WA	WM	WE
1.	Olga	Ofen	1.	o	o		
2.	Ofen	Stroh	2.	o			o
3.	Ader	Bohne	3.			o	
4.	Ober	Sohn	4.	o		o	
5.	Mut	Ober	5.		o		
6.	Zoo	ohne	6.	o	o		
7.	Robert	Floh	7.	o			o
8.	Amboss	Norden	8.	o		o	
9.	böse	Ohr	9.		o		
10.	Olaf	Robert	10.	o		o	

Die Lehrkraft wertet die Übungen aus und erfährt so, welches Kind den Laut nicht oder nur ungenau hört.

Wie viele o hörst du in den einzelnen Sätzen?
1. Oma spielt oft mit Robert Domino. (5)
2. Die Schuhsohle hat vorn ein großes Loch. (4)
3. Lilo und Onkel Ron holen Opa vom Zoo ab. (7)

6. Optische Übungen

Vor den Kindern liegt ein Blatt, auf dem viele große O und kleine o sowie ähnliche Formen, auch seitenverkehrt, zu sehen sind. Die Aufgabe für die Schüler lautet: Kreise die O, o mit verschiedenen Farben ein und zähle sie.

7. Taktile / kinästhetische Übungen

Fühlkiste
Aufgaben: Welche Gegenstände ertastest du?
In welchen Wörtern hörst du ein o? In welchen Wörtern hörst du kein o?
An welcher Stelle im Wort hörst du den Laut o?

Andere Gestaltungsmöglichkeiten
Es gibt viele Möglichkeiten, Laute mit allen Sinnen erlebbar zu machen, zum Beispiel: O, o kneten, mit Steckbausteinen oder mit Teilen aus dem Metallbaukasten bauen, O, o mit einem Seil oder mit Steinchen legen und barfuß darauf entlanggehen. Weitere Möglichkeiten sind: Buchstaben stempeln, malen, als Collage gestalten, töpfern, aus Stoff ausschneiden usw.

8. Zungenbrecher und Reimwörter

Zu jedem Laut sollten die Schüler einen Zungenbrecher lernen. Bei den Zungenbrechern und Reimwörtern spielt die Rechtschreibung zunächst keine Rolle. Im Vordergrund steht der Klang, nicht die Schreibweise. Die Lehrkraft muss hierbei immer wieder darauf achten, dass die Kinder deutlich sprechen.

Zungenbrecher
Oma kocht Opa Kohl.
Opa kocht Oma Kohl.

Reimwörter
mündlich: Rose – Hose – Lose, Sohn – Mohn – Lohn – schon, so – wo

9. Schreibübungen

a) Buchstabe
Die Buchstaben O, o mit dickem Fasermaler schreiben, groß beginnen, kleiner werden; zuletzt mit Füller ins Heft oder auf ein Arbeitsblatt schreiben.

Lautgewinnung U, u

1. Einführung

siehe „Erste phonematische Übung“ oder
eine Geschichte mit U-Wörtern ausdenken oder
eine entsprechende Geschichte aus einem „Abc-Buch“ lesen oder
einen Zungenbrecher vorsprechen oder Reimwörter nennen und fragen:

- Welchen Laut hörst du in den meisten Wörtern?
- Welche Wörter mit diesem Laut hast du dir gemerkt?

2. Erste phonematische Übung

Welchen Laut hörst du in allen Wörtern? (Die Lehrkraft spricht vor, die Kinder sprechen nach.)

Wortanfang (WA)	Wortmitte (WM)	Wortende (WE)
Udo, Uwe	Kuli, Mut, Bude	Kuh
Uhu*, Ufer	Bruder, Pute, Puder	Schuh
Ute, Ulrike	Hut, Nudel, Kurve	muh
uns**, unsere**	Nut, gut	Emu
Uhr	Krug, Tube	Lulu*
Uli	Jude, Suppe**	du
um, unten**	Rute, Ruhe	Korfu
Unterricht**	Hupe, Bus, Rum	
Ulk**	Ruder, Lupe	
Ulm**	Luder, nun	

* In diesen Wörtern hört man mehrere u an verschiedenen Stellen im Wort.

** Durch die folgende Mitlauthäufung wird das u kurz ausgesprochen.
Achtung! Hier können erste Hörwahrnehmungsschwierigkeiten auftreten.

Hinweise: Die Tabelle kann ergänzt werden. Berücksichtigen Sie dabei auch – falls möglich – die Namen der Kinder in der Klasse. („Welche Wörter kennt ihr noch?“ Die Kinder ergänzen.)

3. Phonetische Übung

Hinweis: Die Kinder schauen in ihre Spiegel und benutzen bewusst ihre Sprechwerkzeuge.

Lautbildung
Die Lippen bilden ein kleines rundes Loch und sind dabei leicht vorgestülpt und angespannt. Die Zunge berührt die unteren Schneidezähne. Man kann ein Röhrchen zwischen die Lippen stecken. Der Laut u drückt frieren, Angst, Furcht, Gruseln aus.

Lautgebärde
Der Zeigefinger tippt einmal von unten gegen das Kinn. Es wurde eine Lautgebärde gewählt, die sich deutlich von der Gebärde für den Laut o unterscheidet.

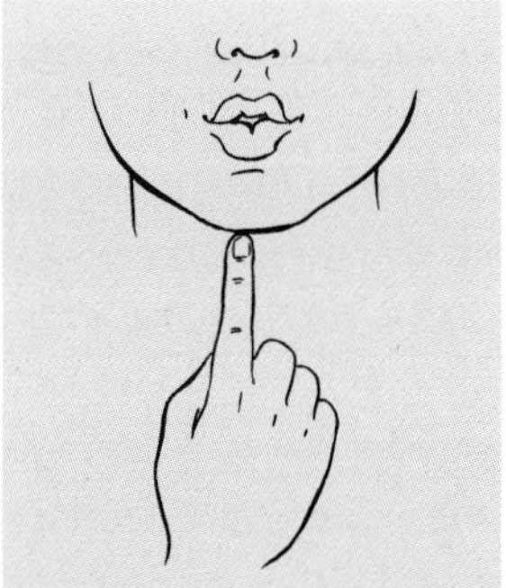

4. Die Buchstaben im Viererfenster

Es gibt 4 verschiedene Buchstaben für den Laut u:
das große gedruckte **U**, das kleine gedruckte **u**
das große geschriebene *U*, das kleine geschriebene *u*

U	u
U	*u*

Übungen mit dem Viererfenster
Die Lehrkraft nennt den Laut und die Kinder schreiben einen Buchstaben dazu auf. Welchen Buchstaben die Schüler schreiben sollen, hängt von der jeweiligen Aufgabenstellung ab. Es können nur der große oder nur der kleine oder auch beide Buchstaben, die zu dem Laut gehören, aufgeschrieben werden.

5. Phonematische Übungen

Übung 1: In welchen Wörtern hörst du den Laut u?

Arbeitsanweisungen:
1. Ich sage das Wort. / 2. Sprich nach und übe am Spiegel! / 3. Überlege genau! / 4. Trage den Buchstaben ein!

Übung 2: An welcher Stelle im Wort hörst du den Laut u? (Die Arbeitsanweisungen sind dieselben wie bei Übung 1.)

Hinweise: Beide Übungen werden hintereinander durchgeführt. Während des Sprechens und Hörens schauen die Kinder in ihre Spiegel. Der Mund der Lehrkraft wird mit einem Blatt verdeckt.

Tabelle für die Lehrkraft			Tabelle für das Kind (Lösungen)				
	Übung 1	Übung 2		Übung 1	Übung 2		
	u	WA, WM, WE		Laut: ...	WA	WM	WE
1.	Uli	Ufer	1.	u	u		
2.	Ute	Uwe	2.	u	u		
3.	Lupe	Kuh	3.	u			u
4.	Limo	Pute	4.			u	
5.	Malibu	Bruder	5.	u		u	
6.	Paul	Ulrike	6.		u		
7.	rufen	Schuh	7.	u			u
8.	grüßen	nun	8.			u	
9.	lesen	uns	9.		u		
10.	Bubi	Ruhe	10.	u		u	

Die Lehrkraft wertet die Übungen aus und erfährt so, welches Kind den Laut nicht oder nur ungenau hört. (Bei „Kuh" höre ich am Wortende ein u. Das Schriftbild mit dem h am Wortende kennen die Kinder nicht.)

Wie viele u hörst du in den einzelnen Sätzen?
1. Uwe und Ute besuchen die kranke Urgroßmutter. (6)
2. Sie nehmen einen Krug Kaffee, Buchteln und einen bunten Blumenstrauß mit. (5)
3. Urgroßmutter Ursula freut sich sehr über die schönen Geschenke. (4)

Phonematische Übung am Spiegel

Aufgabe: Welchen Laut hörst du in folgenden Wörtern: o oder u?

Arbeitsanweisungen:
1. Ich sage das Wort. / 2. Sprich nach und übe am Spiegel! / 3. Überlege genau! / 4. Trage den Buchstaben ein!

	Lehrkraft		Schüler
	u oder o?		u oder o? (Lösungen)
1.	rot	1.	o
2.	Kuchen	2.	u
3.	Ofen	3.	o
4.	Ufer	4.	u
5.	Musik	5.	u
6.	Olaf	6.	o
7.	kochen	7.	o
8.	Krug	8.	u
9.	Bude	9.	u
10.	Boden	10.	o

6. Optische Übungen

Vor den Kindern liegt ein Blatt, auf dem viele große U und kleine u sowie ähnliche Formen, auch seitenverkehrt, zu sehen sind. Die Aufgabe für die Schüler lautet: Kreise die U, u mit verschiedenen Farben ein und zähle sie.

7. Taktile / kinästhetische Übungen

Fühlkiste
Aufgaben: Welche Gegenstände ertastest du?
In welchen Wörtern hörst du ein u? In welchen Wörtern hörst du kein u?
An welcher Stelle im Wort hörst du den Laut u?

Andere Gestaltungsmöglichkeiten
Es gibt viele Möglichkeiten, Laute mit allen Sinnen erlebbar zu machen, zum Beispiel: U, u kneten, mit Steckbausteinen oder mit Teilen aus dem Metallbaukasten bauen, U, u mit einem Seil oder mit Steinchen legen und barfuß darauf entlanggehen. Weitere Möglichkeiten sind: Buchstaben stempeln, malen, als Collage gestalten, töpfern, aus Stoff ausschneiden usw.

8. Zungenbrecher und Reimwörter

Zu jedem Laut sollten die Schüler einen Zungenbrecher lernen. Bei den Zungenbrechern und Reimwörtern spielt die Rechtschreibung zunächst keine Rolle. Im Vordergrund steht der Klang, nicht die Schreibweise. Die Lehrkraft muss hierbei immer wieder darauf achten, dass die Kinder deutlich sprechen.

Zungenbrecher
In Ulm, um Ulm und um Ulm herum.

Reimwörter
mündlich: Bruder – Luder – Puder, Pute – Tute – Rute – Schnute, Mut – Wut – Glut, Schuh – Kuh

9. Schreibübungen

a) Buchstabe
Die Buchstaben U, u mit dickem Fasermaler schreiben, groß beginnen, kleiner werden; zuletzt mit Füller ins Heft oder auf ein Arbeitsblatt schreiben.

Lautgewinnung M, m

1. Einführung

siehe „Erste phonematische Übung“ oder
eine Geschichte mit M-Wörtern ausdenken oder
eine entsprechende Geschichte aus einem „Abc-Buch“ lesen
einen Zungenbrecher vorsprechen oder Reimwörter nennen und fragen:

- Welchen Laut hörst du in den meisten Wörtern?
- Welche Wörter mit diesem Laut hast du dir gemerkt?

2. Erste phonematische Übung

Welchen Laut hörst du in allen Wörtern? (Die Lehrkraft spricht vor, die Kinder sprechen nach.)

Wortanfang (WA)	Wortmitte (WM)	Wortende (WE)
Moni, Mia, Mut	Oma, Pumpe	am
Meise, Mehl	Alma, Rima	im
Muli, Milch, Michael	Emma, Samen	um
Mode, Margarine	Halma, Daumen	lahm
Made, Melone	Lama, Kamel, Amsel	Lehm
Meter, Martin	Bommel, Ampel	Ruhm
Motor, Maria, Marie	Eimer, brummen	Kamm
Mus, Mund, Mutter	Kumpel, Gimpel	dumm
Martina, Möwe	humpeln, rumpeln	Stamm
Maus, Mieter, Meute	Lumpen, Ameise, Emu	Lamm

Hinweise: Die Tabelle kann ergänzt werden. Berücksichtigen Sie dabei auch – falls möglich – die Namen der Kinder in der Klasse. („Welche Wörter kennt ihr noch?“ Die Kinder ergänzen.)

3. Phonetische Übung

Hinweis: Die Kinder schauen in ihre Spiegel und benutzen bewusst ihre Sprechwerkzeuge.

Lautbildung

Die Lippen liegen aufeinander und der Mund ist geschlossen (1. Artikulationsstelle Lippen). Die Luft entweicht langsam durch die Nase. Mmmmm sagt man, wenn es gut schmeckt.

Lautgebärde

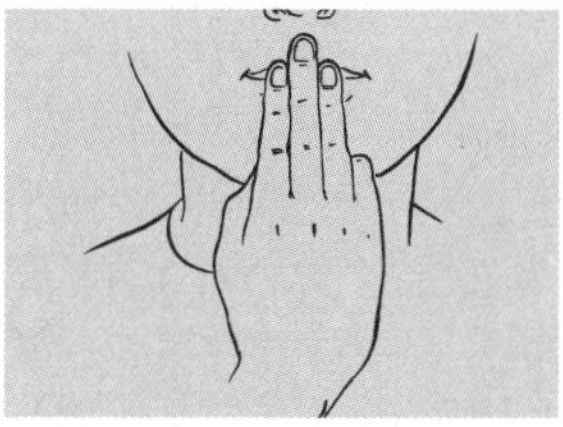

Drei Finger, Zeige-, Mittel- und Ringfinger liegen vor den geschlossenen Lippen, um die nasale Bildung des Lautes bewusst zu machen (Luftstrom geht durch die Nase) und die drei „Beinchen“ des kleinen m anzudeuten.

Erste Lese- und Sprechübungen

M wird am Anfang nur mit den Selbstlauten zu einer Silbe verschmolzen. Zuerst wird das m gesprochen, dann wird langsam zu den anderen Lauten übergegangen. Beide Laute werden nacheinander mit der Lautgebärde gezeigt. Die Laute dürfen nicht einzeln und abgehackt gesprochen werden; das Verschmelzen ist ganz besonders wichtig. Zu dieser Übung benutzen wir den Silbenteppich.

	a	e	i	o	u
m	ma	me	mi	mo	mu

4. Die Buchstaben im Viererfenster

Es gibt 4 verschiedene Buchstaben für den Laut m:
das große gedruckte **M**, das kleine gedruckte **m**
das große geschriebene *M*, das kleine geschriebene *m*

M	m
M	*m*

Übungen mit dem Viererfenster
Die Lehrkraft nennt den Laut und die Kinder schreiben einen Buchstaben dazu auf. Welchen Buchstaben die Schüler schreiben sollen, hängt von der jeweiligen Aufgabenstellung ab. Es können nur der große oder nur der kleine oder auch beide Buchstaben, die zu dem Laut gehören, aufgeschrieben werden.

5. Phonematische Übungen

Übung 1: In welchen Wörtern hörst du den Laut m?

Arbeitsanweisungen:
1. Ich sage das Wort. / 2. Sprich nach und übe am Spiegel! / 3. Überlege genau! / 4. Trage den Buchstaben ein!

Übung 2: An welcher Stelle im Wort hörst du den Laut m? (Die Arbeitsanweisungen sind dieselben wie bei Übung 1.)

Hinweise: Beide Übungen werden hintereinander durchgeführt. Während des Sprechens und Hörens schauen die Kinder in ihre Spiegel. Der Mund der Lehrkraft wird mit einem Blatt verdeckt.

Tabelle für die Lehrkraft			**Tabelle für das Kind (Lösungen)**				
	Übung 1	Übung 2		Übung 1	Übung 2		
	m	**WA, WM, WE**		**Laut: ...**	**WA**	**WM**	**WE**
1.	Mia	Maxi	1.	m	m		
2.	Michael	Lehm	2.	m			m
3.	Nina	malen	3.		m		
4.	Toni	am	4.				m
5.	Meise	Mirko	5.	m	m		
6.	Lama	Thomas	6.	m		m	
7.	Lehm	Meute	7.	m	m		
8.	Hanna	Reim	8.				m
9.	Leine	Mars	9.		m		
10.	Milch	Mond	10.	m	m		

Die Lehrkraft wertet die Übungen aus und erfährt so, welches Kind den Laut nicht oder nur ungenau hört.

Wie viele m hörst du in den einzelnen Sätzen?
1. Meine Mutter kocht mir mein Lieblingsgericht. (4)
2. Müllermeister Mühlmann mahlt das Korn zu Mehl. (6)
3. Milch macht müde Männer munter. (5)

6. Optische Übungen

Vor den Kindern liegt ein Blatt, auf dem viele große M und kleine m sowie ähnliche Formen, auch seitenverkehrt, zu sehen sind. Die Aufgabe für die Schüler lautet: Kreise die M, m mit verschiedenen Farben ein und zähle sie.

7. Taktile / kinästhetische Übungen

Fühlkiste
Aufgaben: Welche Gegenstände ertastest du?
In welchen Wörtern hörst du ein m? In welchen Wörtern hörst du kein m?
An welcher Stelle im Wort hörst du den Laut m?

Andere Gestaltungsmöglichkeiten
Es gibt viele Möglichkeiten, Laute mit allen Sinnen erlebbar zu machen, zum Beispiel: M, m kneten, mit Steckbausteinen oder mit Teilen aus dem Metallbaukasten bauen, M, m mit einem Seil oder mit Steinchen legen und barfuß darauf entlanggehen. Weitere Möglichkeiten sind: Buchstaben stempeln, malen, als Collage gestalten, töpfern, aus Stoff ausschneiden usw.

8. Zungenbrecher und Reimwörter

Zu jedem Laut sollten die Schüler einen Zungenbrecher lernen. Bei den Zungenbrechern und Reimwörtern spielt die Rechtschreibung zunächst keine Rolle. Im Vordergrund steht der Klang, nicht die Schreibweise. Die Lehrkraft muss hierbei immer wieder darauf achten, dass die Kinder deutlich sprechen.

Zungenbrecher
Meine Mutter muss mir morgens Müsli machen.
Müsli muss mir meine Mutter morgens machen.

Reimwörter
mündlich: Moni – Toni – Loni, Möwe – Löwe, Meise – Reise – leise

9. Schreibübungen

a) Buchstabe
Die Buchstaben M, m mit dickem Fasermaler schreiben, groß beginnen, kleiner werden; zuletzt mit Füller ins Heft oder auf ein Arbeitsblatt schreiben.

Hinweis: Die Übungswörter zu m, r und s sind auf S. 34 zusammengefasst.

Lautgewinnung R, r

1. Einführung

siehe „Erste phonematische Übung“ oder
eine Geschichte mit R-Wörtern ausdenken oder
eine entsprechende Geschichte aus einem „Abc-Buch“ lesen oder
einen Zungenbrecher vorsprechen oder Reimwörter nennen und fragen:

- Welchen Laut hörst du in den meisten Wörtern?
- Welche Wörter mit diesem Laut hast du dir gemerkt?

2. Erste phonematische Übung

Welchen Laut hörst du in allen Wörtern? (Die Lehrkraft spricht vor, die Kinder sprechen nach.)

Wortanfang (WA)	Wortmitte (WM)	Wortende (WE)
Rasen, Reh	Arbeit, Art, Ware	Bar, Bär
Rose, Rolf	Ehre, Erwin, Kerstin	Tor, stur
Ria, Ruth, Rita, Reni	werten, kehren	Star, Natur
Reise, reiten	Möhre, Garten, Morgen	Tenor
Rüpel, Romeo, Rosine	Kurve, gerade	Spur, Kur
Rübe, reif, rot, rosa	Marder*, Leopard	Ohr
Raupe, rauben, Raum	fürchten, Pirat	Uhr, zur
Riese	Gurke, Türke	vor, ihr
Rahmen	Marga, Martha	leer, Teer, Meer
Richter, Rom	Körbe, sparen	wir, Moor

* In diesem Wort hört man mehrere r an verschiedenen Stellen im Wort.

Hinweise: Die Tabelle kann ergänzt werden. Berücksichtigen Sie dabei auch – falls möglich – die Namen der Kinder in der Klasse. („Welche Wörter kennt ihr noch?“ Die Kinder ergänzen.)

3. Phonetische Übung

Hinweis: Die Kinder schauen in ihre Spiegel und benutzen bewusst ihre Sprechwerkzeuge.

Lautbildung
Durch das Ausatmen wird das Zäpfchen am Gaumen in Bewegung gesetzt. Man kann den Hals anfassen und die Vibration spüren. Das r wird mit Stimme gebildet. Der Vergleich „auf einen Klingelknopf drücken“ bietet sich an.

Lautgebärde
Die Zeigefinger beider Hände kreisen in der Vertikalen umeinander, wie um ein großes Rad. Dazu wird die Vorstellung „rollen“ gegeben.

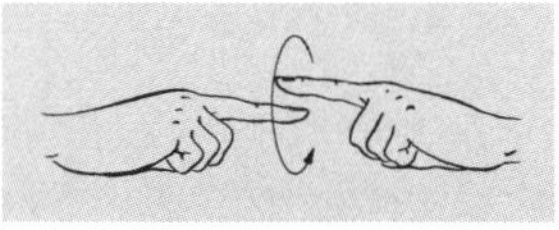

Erste Lese- und Sprechübungen
R wird am Anfang nur mit den Selbstlauten zu einer Silbe verschmolzen. Zuerst wird das r gesprochen, dann wird langsam zu den anderen Lauten übergegangen. Beide Laute werden nacheinander mit der Lautgebärde gezeigt. Die Laute dürfen nicht einzeln und abgehackt gesprochen werden; das Verschmelzen ist ganz besonders wichtig. Zu dieser Übung benutzen wir den Silbenteppich.

	a	e	i	o	u
r	ra	re	ri	ro	ru

4. Die Buchstaben im Viererfenster

Es gibt 4 verschiedene Buchstaben für den Laut r:
das große gedruckte **R**, das kleine gedruckte **r**
das große geschriebene R, das kleine geschriebene r

R	r
R	r

Übungen mit dem Viererfenster
Die Lehrkraft nennt den Laut und die Kinder schreiben einen Buchstaben dazu auf. Welchen Buchstaben die Schüler schreiben sollen, hängt von der jeweiligen Aufgabenstellung ab. Es können nur der große oder nur der kleine oder auch beide Buchstaben, die zu dem Laut gehören, aufgeschrieben werden.

5. Phonematische Übungen

Übung 1: In welchen Wörtern hörst du den Laut r?

Arbeitsanweisungen:
1. Ich sage das Wort. / 2. Sprich nach und übe am Spiegel! / 3. Überlege genau! / 4. Trage den Buchstaben ein!

Übung 2: An welcher Stelle im Wort hörst du den Laut r? (Die Arbeitsanweisungen sind dieselben wie bei Übung 1.)

Hinweise: Beide Übungen werden hintereinander durchgeführt. Während des Sprechens und Hörens schauen die Kinder in ihre Spiegel. Der Mund der Lehrkraft wird mit einem Blatt verdeckt.

Tabelle für die Lehrkraft				Tabelle für das Kind (Lösungen)			
	Übung 1	Übung 2		Übung 1	Übung 2		
	r	WA, WM, WE		Laut: ...	WA	WM	WE
1.	Reise	Romeo	1.	r	r		
2.	Pirat	Natur	2.	r			r
3.	Tor	Garten	3.	r		r	
4.	Bach	Lehrer	4.			r	r
5.	Schule	reiten	5.		r		
6.	Rübe	spüren	6.	r		r	
7.	Morgen	Rahmen	7.	r	r		
8.	Kuchen	Ware	8.			r	
9.	hören	Bär	9.	r			r
10.	Reni	Rosine	10.	r	r		

Die Lehrkraft wertet die Übungen aus und erfährt so, welches Kind den Laut nicht oder nur ungenau hört.

Wie viele r hörst du in den einzelnen Sätzen? (Wie oft bewegt sich das Zäpfchen beim Sprechen?)
1. Rote Rosen riechen wunderbar. (5)
2. Rosemarie schreibt mit der rechten Hand. (5)
3. Der Marder machte großen Schaden am grünen Auto. (5)

6. Optische Übungen

Vor den Kindern liegt ein Blatt, auf dem viele große R und kleine r sowie ähnliche Formen, auch seitenverkehrt, zu sehen sind. Die Aufgabe für die Schüler lautet: Kreise die R, r mit verschiedenen Farben ein und zähle sie.

7. Taktile / kinästhetische Übungen

Fühlkiste
Aufgaben: Welche Gegenstände ertastest du?
In welchen Wörtern hörst du ein r? In welchen Wörtern hörst du kein r?
An welcher Stelle im Wort hörst du den Laut r?

Andere Gestaltungsmöglichkeiten
Es gibt viele Möglichkeiten, Laute mit allen Sinnen erlebbar zu machen, zum Beispiel: R, r kneten, mit Steckbausteinen oder mit Teilen aus dem Metallbaukasten bauen, R, r mit einem Seil oder mit Steinchen legen und barfuß darauf entlanggehen. Weitere Möglichkeiten sind: Buchstaben stempeln, malen, als Collage gestalten, töpfern, aus Stoff ausschneiden usw.

8. Zungenbrecher und Reimwörter

Zu jedem Laut sollten die Schüler einen Zungenbrecher lernen. Bei den Zungenbrechern und Reimwörtern spielt die Rechtschreibung zunächst keine Rolle. Im Vordergrund steht der Klang, nicht die Schreibweise. Die Lehrkraft muss hierbei immer wieder darauf achten, dass die Kinder deutlich sprechen.

Zungenbrecher
Rudi Ratig rudert artig.
Artig rudert Rudi Ratig.

Reimwörter
mündlich: Rose – Hose, Wiese – Riese, Raum – Traum, Morgen – Sorgen, Garten – warten

9. Schreibübungen

a) Buchstabe
Die Buchstaben R, r mit dickem Fasermaler schreiben, groß beginnen, kleiner werden; zuletzt mit Füller ins Heft oder auf ein Arbeitsblatt schreiben.

Hinweis: Die Übungswörter zu m, r und s sind auf S. 34 zusammengefasst.

Lautgewinnung S, s

1. Einführung

siehe „Erste phonematische Übung“ oder
eine Geschichte mit S-Wörtern ausdenken oder
eine entsprechende Geschichte aus einem „Abc-Buch“ lesen oder
einen Zungenbrecher vorsprechen oder Reimwörter nennen und fragen:

- Welchen Laut hörst du in den meisten Wörtern?
- Welche Wörter mit diesem Laut hast du dir gemerkt?

2. Erste phonematische Übung

Welchen Laut hörst du in allen Wörtern? (Die Lehrkraft spricht vor, die Kinder sprechen nach.)

Wortanfang (WA)	Wortmitte (WM)	Wortende (WE)
sagen, suchen, Sahne	Hase, Hose	Los
so, Sofa	Rosi, Rose, rosa	Maus, aus
sie, Sieger, Sarah	Rosine	Haus
Susi*, summen	Reise, Riese	Gas
Säule, Sohle, Sieb	Rasen	Moos
segeln, sehen, Senf	lesen	Reis
Seil, Seide, Saale	leise, Meise	Schmaus
Sau, Sauna, Sorte	Eisen	Mus
Saum, sauber	Wiese, Vase, Besen	Kreis
Sonja, Sabine, Sophie	Dose, Käse	Bus

* In diesem Wort hört man mehrere s an verschiedenen Stellen im Wort.

Hinweise: Die Tabelle kann ergänzt werden. Berücksichtigen Sie dabei auch – falls möglich – die Namen der Kinder in der Klasse. („Welche Wörter kennt ihr noch?“ Die Kinder ergänzen.)

3. Phonetische Übung

Hinweis: Die Kinder schauen in ihre Spiegel und benutzen bewusst ihre Sprechwerkzeuge.

Lautbildung

Stimmhaftes s
Die Zunge befindet sich hinter den unteren Schneidezähnen. Die Lippen bilden einen Lachmund und sind breit gezogen. Die Zungenränder zeigen nach oben. Es entsteht eine Zungenrinne. Beim Sprechen entweicht der Luftstrom langsam durch die Zungenrinne, sodass man die Luft mit einem Röhrchen auffangen könnte. Das s mit Stimme steht nur am Wort- oder Silbenanfang. Es wird mit dem Summen einer Biene verglichen.

Stimmloses s
Die Zunge befindet sich hinter den unteren Schneidezähnen. Die Lippen bilden einen Lachmund. Sie sind breit gezogen. Die Zungenränder zeigen nach oben. Es entsteht eine Zungenrinne. Dies sind dieselben Merkmale wie beim s mit Stimme. Der Unterschied besteht im Luftstrom, der durch die Zungenrinne gesprengt wird. Das s ohne Stimme kann man mit dem Zischen einer Schlange vergleichen.

4. Phonematische Übung

Der Buchstabe s hat zwei verschiedene Laute: 1. s mit Stimme, also stimmhaft wie das Summen einer Biene, und 2. ohne Stimme, also stimmlos wie das Zischen einer Schlange. Für beide Laute gibt es nur eine Lautgebärde.
Die Kinder lernen, dass das Bienen-s am Wort- und Silbenanfang (im Anlaut) zu hören ist und dass man das Schlangen-s am Wortende (im Auslaut) hört.

1 Buchstabe – 2 verschiedene Laute

s mit Stimme **Bienen-s**	**s ohne Stimme** **Schlangen-s**
Sofa	Hau**s**
Seide	Bu**s**
Sauna	Lo**s**
Sau	Mu**s**
Ro**s**ine	Hau**s**mau**s**

Lautgebärde
Der rechte Zeigefinger wird ausgestreckt und fährt von einer Stelle rechts außerhalb des Körpers in Brusthöhe zur Körpermitte und noch etwas darüber hinaus. Die Vorstellung ist: Ein Auto saust vorbei.

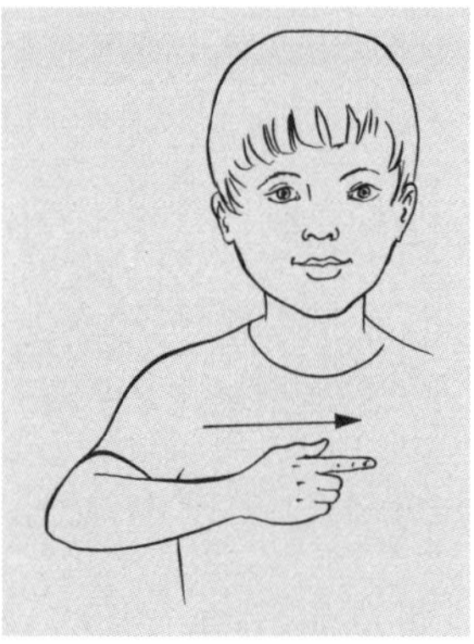

Erste Lese- und Sprechübungen
S wird am Anfang nur mit den Selbstlauten zu einer Silbe verschmolzen. Zuerst wird das s gesprochen, dann wird langsam zu den anderen Lauten übergegangen. Beide Laute werden nacheinander mit der Lautgebärde gezeigt. Die Laute dürfen nicht einzeln und abgehackt gesprochen werden; das Verschmelzen ist ganz besonders wichtig. Zu dieser Übung benutzen wir den Silbenteppich.

	a	**e**	**i**	**o**	**u**
s (Biene)	sa	se	si	so	su

5. Die Buchstaben im Viererfenster

Es gibt 4 verschiedene Buchstaben für den Laut s:
das große gedruckte **S**, das kleine gedruckte **s**
das große geschriebene S, das kleine geschriebene s

S	s
S	s

Übungen mit dem Viererfenster
Die Lehrkraft nennt den Laut und die Kinder schreiben einen Buchstaben dazu auf. Welchen Buchstaben die Schüler schreiben sollen, hängt von der jeweiligen Aufgabenstellung ab. Es können nur der große oder nur der kleine oder auch beide Buchstaben, die zu dem Laut gehören, aufgeschrieben werden.

6. Phonematische Übungen

Übung 1: In welchen Wörtern hörst du den Laut s?

Arbeitsanweisungen:
1. Ich sage das Wort. / 2. Sprich nach und übe am Spiegel! / 3. Überlege genau! / 4. Trage den Buchstaben ein!

Übung 2: An welcher Stelle im Wort hörst du den Laut s? (Die Arbeitsanweisungen sind dieselben wie bei Übung 1.)

Hinweise: Beide Übungen werden hintereinander durchgeführt. Während des Sprechens und Hörens schauen die Kinder in ihre Spiegel. Der Mund der Lehrkraft wird mit einem Blatt verdeckt.

Tabelle für die Lehrkraft			Tabelle für das Kind (Lösungen)				
	Übung 1	Übung 2		Übung 1	Übung 2		
	s	WA, WM WE		Laut: ...	WA	WM	WE
1.	Sahne	Seife	1.	s	s		
2.	Safari	Sauna	2.	s	s		
3.	Sau	Bus	3.	s			s
4.	schauen	Mus	4.				s
5.	zischen	Eisen	5.			s	
6.	reisen	Riese	6.	s		s	
7.	Sofa	Säule	7.	s	s		
8.	Meise	Sophie	8.	s	s		
9.	Michael	Reis	9.				s
10.	Rosine	lesen	10.	s		s	

Die Lehrkraft wertet die Übungen aus und erfährt so, welches Kind den Laut nicht oder nur ungenau hört.

Wie viele s mit Stimme hörst du in den einzelnen Sätzen?
1. Sonja mag gern süß-saure Linsen. (4)
2. Susi mag saftige Früchte mit süßer Sahne. (6)
3. Sophie sucht saubere Seiten zum Schreiben. (4)

7. Optische Übungen

Vor den Kindern liegt ein Blatt, auf dem viele große S und kleine s sowie ähnliche Formen, auch seitenverkehrt, zu sehen sind. Die Aufgabe für die Schüler lautet: Kreise die S, s mit verschiedenen Farben ein und zähle sie.

8. Taktile / kinästhetische Übungen

Fühlkiste
Aufgaben: Welche Gegenstände ertastest du?
In welchen Wörtern hörst du ein s? In welchen Wörtern hörst du kein s?
An welcher Stelle im Wort hörst du den Laut s?

Andere Gestaltungsmöglichkeiten
Es gibt viele Möglichkeiten, Laute mit allen Sinnen erlebbar zu machen, zum Beispiel: S, s kneten, mit Steckbausteinen oder mit Teilen aus dem Metallbaukasten bauen, S, s mit einem Seil oder mit Steinchen legen und barfuß darauf entlanggehen. Weitere Möglichkeiten sind: Buchstaben stempeln, malen, als Collage gestalten, töpfern, aus Stoff ausschneiden usw.

9. Zungenbrecher und Reimwörter

Zu jedem Laut sollten die Schüler einen Zungenbrecher lernen. Bei den Zungenbrechern und Reimwörtern spielt die Rechtschreibung zunächst keine Rolle. Im Vordergrund steht der Klang, nicht die Schreibweise. Die Lehrkraft muss hierbei immer wieder darauf achten, dass die Kinder deutlich sprechen.

Zungenbrecher
Sauen suhlen sich im Sumpf.
Im Sumpf suhlen sich Sauen.

Reimwörter
mündlich: Rose – Hose, Wiese – Riese, Morgen – Sorgen,
Haus – Maus – aus – raus – Laus

10. Schreibübungen

a) Buchstabe
Die Buchstaben S, s mit dickem Fasermaler schreiben, groß beginnen, kleiner werden; zuletzt mit Füller ins Heft oder auf ein Arbeitsblatt schreiben.

b) Übungswörter für m, r, s
Mama, Mami, Oma, Omi, Mimi, Mia, Momo, am, im, um, Rose, Rosi, Resi, rosa, so, und, sind, ist

Lautgewinnung Au, au

1. Einführung

siehe „Erste phonematische Übung“ oder
eine Geschichte mit Au-Wörtern ausdenken oder
einen Zungenbrecher vorsprechen oder Reimwörter nennen und fragen:

- Welchen Laut hörst du in den meisten Wörtern?
- Welche Wörter mit diesem Laut hast du dir gemerkt?

2. Erste phonematische Übung

Welchen Laut hörst du in allen Wörtern? (Die Lehrkraft spricht vor, die Kinder sprechen nach.)

Wortanfang (WA)	Wortmitte (WM)	Wortende (WE)
Auto	Pause	Bau
Aula	Raupe	Frau
auf, aus	Raum, Baum, kaum	Sau
Auge	tausend, Kauf, kaufen	Radau
Aufgabe	saufen, sausen	Pfau
Aussage	Haus, Maus, Laus	rau
außen, außerdem	Schmaus	lau
Aurora	faul, Paula, Paul	Tau
aufgehen, Auftritt	draußen, laufen	mau
ausgehen, Ausgang	sauber, sauer	Stau

Hinweise: Die Tabelle kann ergänzt werden. Berücksichtigen Sie dabei auch – falls möglich – die Namen der Kinder in der Klasse. („Welche Wörter kennt ihr noch?“ Die Kinder ergänzen.)

3. Phonetische Übung

Hinweis: Die Kinder schauen in ihre Spiegel und benutzen bewusst ihre Sprechwerkzeuge.

Lautbildung
Au ist ein Zwillingslaut oder ein „Ehepaar“. Wir haben es mit zwei Mundhaltungen bzw. -formen zu tun. Bei der Bildung wird der Mund weit geöffnet wie beim A. Dann werden die Lippen etwas nach vorn gestülpt wie beim U. Beide Laute sollen miteinander verschmelzen. „Au!“ ruft man, wenn etwas wehtut.

Lautgebärde
Die rechte, locker gehaltene Hand macht eine leichte Schüttelbewegung aus dem Handgelenk nach unten, als ob ein Hund eine schmerzende verletzte Pfote vorzeigt.

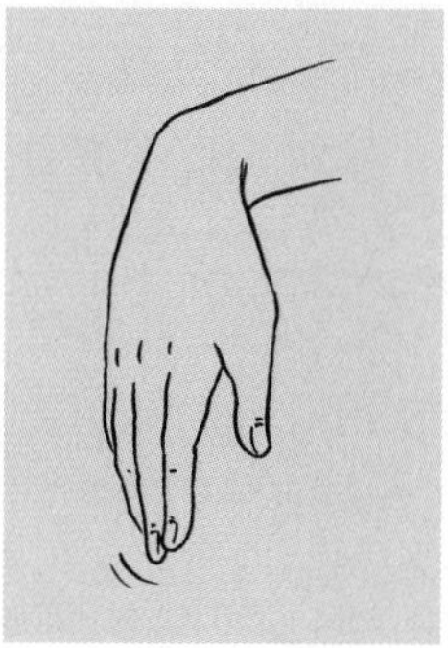

4. Die Buchstaben im Viererfenster

Es gibt 4 verschiedene Buchstaben für den Laut au:
das große gedruckte **Au**, das kleine gedruckte **au**
das große geschriebene *Au*, das kleine geschriebene *au*

Au	au
Au	*au*

Übungen mit dem Viererfenster
Die Lehrkraft nennt den Laut und die Kinder schreiben einen Buchstaben dazu auf. Welchen Buchstaben die Schüler schreiben sollen, hängt von der jeweiligen Aufgabenstellung ab. Es können nur der große oder nur der kleine oder auch beide Buchstaben, die zu dem Laut gehören, aufgeschrieben werden.

5. Phonematische Übungen

Übung 1: In welchen Wörtern hörst du den Laut au?

Arbeitsanweisungen:
1. Ich sage das Wort. / 2. Sprich nach und übe am Spiegel! / 3. Überlege genau! / 4. Trage den Buchstaben ein!

Übung 2: An welcher Stelle im Wort hörst du den Laut au? (Die Arbeitsanweisungen sind dieselben wie bei Übung 1.)

Hinweise: Beide Übungen werden hintereinander durchgeführt. Während des Sprechens und Hörens schauen die Kinder in ihre Spiegel. Der Mund der Lehrkraft wird mit einem Blatt verdeckt.

	Tabelle für die Lehrkraft			**Tabelle für das Kind (Lösungen)**			
	Übung 1	Übung 2		Übung 1	Übung 2		
	au	**WA, WM, WE**		**Laut: ...**	**WA**	**WM**	**WE**
1.	Auto	aus	1.	au	au		
2.	Aufgabe	Stau	2.	au			au
3.	malen	Baum	3.			au	
4.	Geier	Aurora	4.		au		
5.	Aurora	kaufen	5.	au		au	
6.	Abend	Auge	6.		au		
7.	Ausgang	Radau	7.	au			au
8.	Auge	Frau	8.	au			au
9.	Arthur	tausend	9.			au	
10.	außerdem	Auftritt	10.	au	au		

Die Lehrkraft wertet die Übungen aus und erfährt so, welches Kind den Laut nicht oder nur ungenau hört.

Wie viele au hörst du in den einzelnen Sätzen?
1. Paul haut Raul ein blaues Auge. (5)
2. Maus Paula saust draußen ins Baumloch. (5)
3. Frau Laue kauft sich heute ein blaues Auto. (5)

6. Optische Übungen

Vor den Kindern liegt ein Blatt, auf dem viele große Au und kleine au sowie ähnliche Formen, auch seitenverkehrt, zu sehen sind. Die Aufgabe für die Schüler lautet: Kreise die Au, au mit verschiedenen Farben ein und zähle sie.

7. Taktile / kinästhetische Übungen

Fühlkiste
Aufgaben: Welche Gegenstände ertastest du?
In welchen Wörtern hörst du ein au? In welchen Wörtern hörst du kein au?
An welcher Stelle im Wort hörst du den Laut au?

Andere Gestaltungsmöglichkeiten
Es gibt viele Möglichkeiten, Laute mit allen Sinnen erlebbar zu machen, zum Beispiel: Au, au kneten, mit Steckbausteinen oder mit Teilen aus dem Metallbaukasten bauen, Au, au mit einem Seil oder mit Steinchen legen und barfuß darauf entlanggehen. Weitere Möglichkeiten sind: Buchstaben stempeln, malen, als Collage gestalten, töpfern, aus Stoff ausschneiden usw.

8. Zungenbrecher und Reimwörter

Zu jedem Laut sollten die Schüler einen Zungenbrecher lernen. Bei den Zungenbrechern und Reimwörtern spielt die Rechtschreibung zunächst keine Rolle. Im Vordergrund steht der Klang, nicht die Schreibweise. Die Lehrkraft muss hierbei immer wieder darauf achten, dass die Kinder deutlich sprechen.

Zungenbrecher
In der Pause laufen Paul und Paula im Schulhaus herum.
Paul und Paula laufen in der Pause im Schulhaus herum.
Im Schulhaus laufen Paul und Paula in der Pause herum.

Reimwörter
mündlich: sauer – Mauer – Lauer, Sau – Bau – Frau – Tau – Stau
schriftlich: Maus – Laus – raus

9. Schreibübungen

a) Buchstabenverbindung
Die Buchstaben Au, au mit dickem Fasermaler schreiben, groß beginnen, kleiner werden; zuletzt mit Füller ins Heft oder auf ein Arbeitsblatt schreiben.

b) Übungswörter
Sau, sausen, Maus, Laus, raus, aus

Lautgewinnung Ei, ei

1. Einführung

siehe „Erste phonematische Übung“ oder
eine Geschichte mit Ei-Wörtern ausdenken oder
einen Zungenbrecher vorsprechen oder Reimwörter nennen und fragen:

- Welchen Laut hörst du in den meisten Wörtern?
- Welche Wörter mit diesem Laut hast du dir gemerkt?

2. Erste phonematische Übung

Welchen Laut hörst du in allen Wörtern? (Die Lehrkraft spricht vor, die Kinder sprechen nach.)

Wortanfang (WA)	Wortmitte (WM)	Wortende (WE)
Eis	fein, sein, nein	bei, dabei
Eimer	Leipzig, reich, bleich	Polizei
Eile, Eilpost	Reiter, Leiter, Seife	Hühnerei
Eigentum	Bein, peinlich, Feier	Mai, Hai
Eiche, Eichel	dein, mein	Raserei
ein, eine	rein, leise, Heimat	Keilerei
einsam, einmal	heilen, feilen, Leine	Bäckerei
eilen, eilig, eisig, einig	kein, Keiler, Meise	bei, sei
Eidechse, einige	Keim, Seil, Zeit, Reis	Schrei
Einzahl, Einbau	Leim, Reifen, Fleisch	Blei

Hinweise: Die Tabelle kann ergänzt werden. Berücksichtigen Sie dabei auch – falls möglich – die Namen der Kinder in der Klasse. („Welche Wörter kennt ihr noch?“ Die Kinder ergänzen.)

3. Phonetische Übung

Hinweis: Die Kinder schauen in ihre Spiegel und benutzen bewusst ihre Sprechwerkzeuge.

Lautbildung
Ei ist ein Zwillingslaut, oder auch ein „Ehepaar“. Wir haben es mit zwei Mundhaltungen bzw. -formen zu tun. Die Schwierigkeit besteht darin, dass man zuerst a hört, denn man kommt beim Sprechen vom kurzen a zum i. Zuerst wird der Mund weit geöffnet wie beim a, dann werden die Lippen breit gezogen und das i wird gebildet. Die Laute a und i sollen miteinander verschmolzen werden. (Oft haben die Kinder hierbei Probleme. Im Anfangsunterricht, wenn die Lautbildung der Zwielaute noch nicht sicher beherrscht wird, schreiben die Schüler oft ein a vor das ei.) Der Laut ei drückt Beruhigung (streicheln) aus.

Lautgebärde
Die Hand streichelt die Wange. Bei der Einführung wird die Vorstellung an das Streicheln eines Babys geweckt.

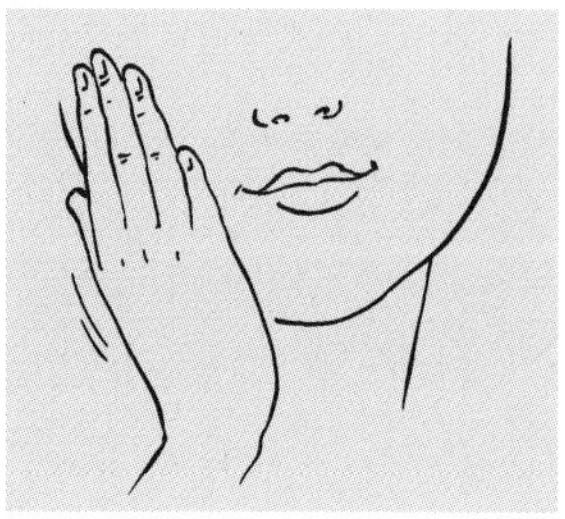

Erste Lese- und Sprechübungen
Die ersten drei Mitlaute werden hier mit den beiden Zwielauten zu Silben verschmolzen. Zuerst wird der Mitlaut gesprochen, dann wird langsam zum Zwielaut übergegangen. Beide Laute werden nacheinander mit der Lautgebärde gezeigt. Die Laute dürfen nicht einzeln und abgehackt gesprochen werden; das Verschmelzen ist ganz besonders wichtig. Zu dieser Übung benutzen wir den Silbenteppich.

	a	**e**	**i**	**o**	**u**	**au**	**ei**
m	ma	me	mi	mo	mu	mau	mei
r	ra	re	ri	ro	ru	rau	rei
s	sa	se	si	so	su	sau	sei

4. Die Buchstaben im Viererfenster

Es gibt 4 verschiedene Buchstaben für den Laut ei:
das große gedruckte **Ei,** das kleine gedruckte **ei**
das große geschriebene *Ei*, das kleine geschriebene *ei*

Ei	ei
Ei	*ei*

Übungen mit dem Viererfenster
Die Lehrkraft nennt den Laut und die Kinder schreiben eine Buchstabenfolge dazu auf. Welche Buchstaben die Schüler schreiben sollen, hängt von der jeweiligen Aufgabenstellung ab. Es können nur der große oder nur der kleine oder auch beide Buchstaben, die zu dem Laut gehören, aufgeschrieben werden.

5. Phonematische Übungen

Übung 1: In welchen Wörtern hörst du den Laut ei?

Arbeitsanweisungen:
1. Ich sage das Wort. / 2. Sprich nach und übe am Spiegel! / 3. Überlege genau! / 4. Trage den Buchstaben ein!

Übung 2: An welcher Stelle im Wort hörst du den Laut ei? (Die Arbeitsanweisungen sind dieselben wie bei Übung 1.)

Hinweise: Beide Übungen werden hintereinander durchgeführt. Während des Sprechens und Hörens schauen die Kinder in ihre Spiegel. Der Mund der Lehrkraft wird mit einem Blatt verdeckt.

Tabelle für die Lehrkraft			**Tabelle für das Kind (Lösungen)**				
	Übung 1	Übung 2		Übung 1	Übung 2		
	ei	**WA, WM, WE**		**Laut: ...**	**WA**	**WM**	**WE**
1.	Eidechse	Eile	1.	ei	ei		
2.	Eimer	eisig	2.	ei	ei		
3.	frei	frei	3.	ei			ei
4.	froh	Leiter	4.			ei	
5.	Frieden	Zeit	5.			ei	
6.	Eisen	Eisen	6.	ei	ei		
7.	Eiche	Polizei	7.	ei			ei
8.	riechen	Keiler	8.			ei	
9.	Brei	Eichel	9.	ei	ei		
10.	Meise	Brei	10.	ei			ei

Die Lehrkraft wertet die Übungen aus und erfährt so, welches Kind den Laut nicht oder nur ungenau hört.

Wie viele ei hörst du in den einzelnen Sätzen?
1. In einem Eimer sind eins, zwei, drei Eier. (6)
2. Einsame Meisen reisen eilig nach Leipzig. (5)
3. Die Feier bereiten einige Polizeibeamte vor. (4)

6. Optische Übungen

Vor den Kindern liegt ein Blatt, auf dem viele große Ei und kleine ei sowie ähnliche Formen, auch seitenverkehrt, zu sehen sind. Die Aufgabe für die Schüler lautet: Kreise die Ei, ei mit verschiedenen Farben ein und zähle sie.

7. Taktile / kinästhetische Übungen

Fühlkiste
Aufgaben: Welche Gegenstände ertastest du?
In welchen Wörtern hörst du ein ei? In welchen Wörtern hörst du kein ei?
An welcher Stelle im Wort hörst du den Laut ei?

Andere Gestaltungsmöglichkeiten
Es gibt viele Möglichkeiten, Laute mit allen Sinnen erlebbar zu machen, zum Beispiel: Ei, ei kneten, mit Steckbausteinen oder mit Teilen aus dem Metallbaukasten bauen, Ei, ei mit einem Seil oder mit Steinchen legen und barfuß darauf entlanggehen. Weitere Möglichkeiten sind: Buchstaben stempeln, malen, als Collage gestalten, töpfern, aus Stoff ausschneiden usw.

8. Zungenbrecher und Reimwörter

Zu jedem Laut sollten die Schüler einen Zungenbrecher lernen. Bei den Zungenbrechern und Reimwörtern spielt die Rechtschreibung zunächst keine Rolle. Im Vordergrund steht der Klang, nicht die Schreibweise. Die Lehrkraft muss hierbei immer wieder darauf achten, dass die Kinder deutlich sprechen.

Zungenbrecher
Der Zeisig sagte: „Heut ist es eisig. Ich hol mir schnell mal Reisig."
„Heut ist es eisig. Ich hol mir schnell mal Reisig", sagte der Zeisig.
„Ich hol mir schnell mal Reisig. Heut ist es eisig", sagte der Zeisig.

Reimwörter
mündlich: Keim – Leim, keilen – heilen – feilen, Leiter – Reiter – heiter – weiter
schriftlich: Meise – Reise – leise, eine – meine – deine – seine

9. Schreibübungen

a) Buchstabenverbindung
Die Buchstaben Ei, ei mit dickem Fasermaler schreiben, groß beginnen, kleiner werden; zuletzt mit Füller ins Heft oder auf ein Arbeitsblatt schreiben.

b) Übungswörter
ein, eine, mein, dein, sein, Meise, Reise, leise, Leine, Seil, rein, Leim, Feier, Feile, Ameise
ganzheitlich: ich, wir

Lautgewinnung N, n

1. Einführung

siehe „Erste phonematische Übung“ oder
eine Geschichte mit N-Wörtern ausdenken oder
eine entsprechende Geschichte aus einem „Abc-Buch“ lesen oder
einen Zungenbrecher vorsprechen oder Reimwörter nennen und fragen:

- Welchen Laut hörst du in den meisten Wörtern?
- Welche Wörter mit diesem Laut hast du dir gemerkt?

2. Erste phonematische Übung

Welchen Laut hörst du in allen Wörtern? (Die Lehrkraft spricht vor, die Kinder sprechen nach.)

Wortanfang (WA)	Wortmitte (WM)	Wortende (WE)
Nase, Name, Nagel	Sahne, Tina, Lena	Kahn
Nebel	Irina, Moni	Ton
Nora	Biene, Schiene	Mohn
Nudel, nur, nun	Fahne	tun
Nina, Niete, nieder	Toni, Tino	Stein
Neid, Neiße	Kuno, Bruno	Bein
nicht, neben	eine, meine, seine	sein
Nähe, Nuckel	Laune, Sauna	mein
neu, neun	Scheune	dein
Note, Norma	Sehne, Lehne	kein

Hinweise: Die Tabelle kann ergänzt werden. Berücksichtigen Sie dabei auch – falls möglich – die Namen der Kinder in der Klasse. („Welche Wörter kennt ihr noch?“ Die Kinder ergänzen.)

3. Phonetische Übung

Hinweis: Die Kinder schauen in ihre Spiegel und benutzen bewusst ihre Sprechwerkzeuge.

Lautbildung
Der vordere Zungenteil liegt breit hinter den oberen Schneidezähnen.

Lautgebärde
Zeigefinger und Mittelfinger der Schreibhand werden an den Nasenflügel gelegt. Das Kind soll spüren, dass der Luftstrom durch die Nase geht und sich zugleich erinnern, dass das n zwei „Beinchen“ hat.

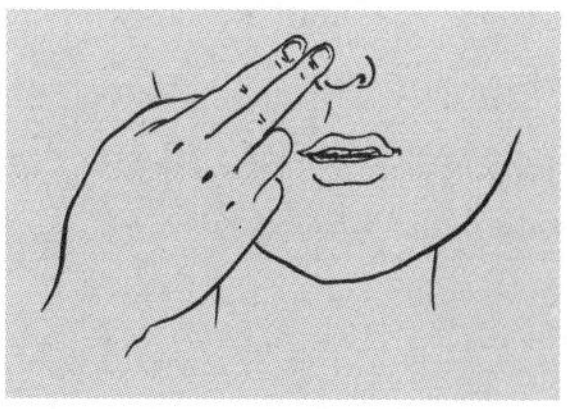

Erste Lese- und Sprechübungen
N wird am Anfang nur mit den Selbstlauten zu einer Silbe verschmolzen. Zuerst wird das n gesprochen, dann wird langsam zu den anderen Lauten übergegangen. Beide Laute werden nacheinander mit der Lautgebärde gezeigt. Die Laute dürfen nicht einzeln und abgehackt gesprochen werden; das Verschmelzen ist ganz besonders wichtig. Zu dieser Übung benutzen wir den Silbenteppich.

	a	e	i	o	u
n	na	ne	ni	no	nu

4. Die Buchstaben im Viererfenster

Es gibt 4 verschiedene Buchstaben für den Laut n:
das große gedruckte **N**, das kleine gedruckte **n**
das große geschriebene *N*, das kleine geschriebene *n*

N	n
N	*n*

Übungen mit dem Viererfenster
Die Lehrkraft nennt den Laut und die Kinder schreiben einen Buchstaben dazu auf. Welchen Buchstaben die Schüler schreiben sollen, hängt von der jeweiligen Aufgabenstellung ab. Es können nur der große oder nur der kleine oder auch beide Buchstaben, die zu dem Laut gehören, aufgeschrieben werden.

5. Phonematische Übungen

Übung 1: In welchen Wörtern hörst du den Laut n?

Arbeitsanweisungen:
1. Ich sage das Wort. / 2. Sprich nach und übe am Spiegel! / 3. Überlege genau! / 4. Trage den Buchstaben ein!

Übung 2: An welcher Stelle im Wort hörst du den Laut n? (Die Arbeitsanweisungen sind dieselben wie bei Übung 1.)

Hinweise: Beide Übungen werden hintereinander durchgeführt. Während des Sprechens und Hörens schauen die Kinder in ihre Spiegel. Der Mund der Lehrkraft wird mit einem Blatt verdeckt.

Tabelle für die Lehrkraft			Tabelle für das Kind (Lösungen)				
	Übung 1	Übung 2		Übung 1	Übung 2		
	n	WA, WM, WE		Laut: ...	WA	WM	WE
1.	Nase	Name	1.	n	n		
2.	Lohn	Note	2.	n	n		
3.	Tina	Martina	3.	n		n	
4.	Lilo	Niete	4.		n		
5.	Hahn	Kahn	5.	n			n
6.	Fahne	Stein	6.	n			n
7.	Riese	Biene	7.			n	
8.	Meise	mein	8.				n
9.	Konsum	Nudel	9.	n	n		
10.	Ton	Monika	10.	n		n	

Die Lehrkraft wertet die Übungen aus und erfährt so, welches Kind den Laut nicht oder nur ungenau hört.

Wie viele n hörst du in den einzelnen Sätzen?
1. Neue Nadeln nähen gut. (5)
2. Tante Sabine näht neun Tischdecken. (6)
3. Jonas braucht neunzehn neue dicke Nägel. (6)

Phonematische Übung am Spiegel
Die Laute m und n klingen ähnlich und sehen auch ähnlich aus. Kinder mit Wahrnehmungsproblemen haben hier Schwierigkeiten. Deshalb werden an dieser Stelle die Unterschiede im optischen Bereich und bei der Lautbildung herausgearbeitet.

N, n	M, m
Zungenfläche hinter den oberen Schneidezähnen	Lippen liegen aufeinander
2 „Beine“	3 „Beine“
Nino	Mama
Nina	Selma
Nena	male
an	am

Aufgabe: Welchen Laut hörst du in folgenden Wörtern: m oder n?

Arbeitsanweisungen:
1. Ich sage das Wort. / 2. Sprich nach und übe am Spiegel! / 3. Überlege genau! / 4. Trage den Buchstaben ein!

	Lehrkraft		Schüler
	m oder n?		**m oder n? (Lösungen)**
1.	Marie	1.	m
2.	Lama	2.	m
3.	Lehm	3.	m
4.	Lehne	4.	n
5.	Leine	5.	n
6.	Mut	6.	m
7.	Nut	7.	n
8.	Rima	8.	m
9.	an	9.	n
10.	am	10.	m

6. Optische Übungen

Ab hier werden die Punkte „Optische Übungen“ sowie „Taktile / kinästhetische Übungen“ aus Platzgründen und weil die Informationen sich wiederholen, nur noch kurz erwähnt. Ausführliche Erläuterungen dazu gibt es auf S. 9.

7. Taktile / kinästhetische Übungen s. o.

8. Zungenbrecher und Reimwörter

Zu jedem Laut sollten die Schüler einen Zungenbrecher lernen. Bei den Zungenbrechern und Reimwörtern spielt die Rechtschreibung zunächst keine Rolle. Im Vordergrund steht der Klang, nicht die Schreibweise. Die Lehrkraft muss hierbei immer wieder darauf achten, dass die Kinder deutlich sprechen.

Zungenbrecher
Nun neckt Nino Nina.
Nino neckt Nina nun.

Reimwörter
mündlich: Note – Bote – Schote – Brote, Nudel – Pudel – Rudel, Nebel – Hebel
schriftlich: Nase – rase, Loni – Moni, Nora – Lora

9. Schreibübungen

a) Buchstabe
Die Buchstaben N, n mit dickem Fasermaler schreiben, groß beginnen, kleiner werden; zuletzt mit Füller ins Heft oder auf ein Arbeitsblatt schreiben.

b) Übungswörter
Name, Nase, Moni, Loni, Nino, Reni, Sirene, Marine, an, nein

Lautgewinnung F, f

1. Einführung

siehe „Erste phonematische Übung" oder
eine Geschichte mit F-Wörtern ausdenken oder
eine entsprechende Geschichte aus einem „Abc-Buch" lesen oder
einen Zungenbrecher vorsprechen oder Reimwörter nennen und fragen:

- Welchen Laut hörst du in den meisten Wörtern?
- Welche Wörter mit diesem Laut hast du dir gemerkt?

2. Erste phonematische Übung

Welchen Laut hörst du in allen Wörtern? (Die Lehrkraft spricht vor, die Kinder sprechen nach.)

Wortanfang (WA)	Wortmitte (WM)	Wortende (WE)
Fahne, fahren, Fantasie	Hefe, Elfe	Schaf
Fanfare*, Familie, Faden	Schleife, Eifer	tief, rief
Fee, Fehler, Feder, Feta	Ofen	Ruf
Fichte, Frieden	Kufen, rufen	Huf
Foto	laufen, kaufen	Hof, Torf
faul, Frau	Schlaufe, Haufen	Wettlauf, Einkauf, auf
fördern, Fuge, Furche	Kiefer, Hilfe	reif
fühlen, fürchten	Reifen, greifen	Olaf
Feier, fein, Feile	Pfeife	Griff, Riff
fädeln, Fähre	Luft	Brief

* In diesem Wort hört man mehrere f an verschiedenen Stellen im Wort.

Hinweise: Die Tabelle kann ergänzt werden. Berücksichtigen Sie dabei auch – falls möglich – die Namen der Kinder in der Klasse. („Welche Wörter kennt ihr noch?" Die Kinder ergänzen.)

3. Phonetische Übung

Hinweis: Die Kinder schauen in ihre Spiegel und benutzen bewusst ihre Sprechwerkzeuge.

Lautbildung

Die oberen Schneidezähne liegen auf der Unterlippe. Die Luft wird herausgesprengt. Der Laut wird ohne Stimme gebildet. Man kann ein Blatt, eine Feder weg- oder eine Kerze auspusten.

Lautgebärde

Der Zeigefinger der starken Hand (bei Linkshändern ist das die linke Hand) wird von unten gegen die Unterlippe gerichtet. Die Lippe wird nicht berührt. Es wird über den Finger gepustet. Mit dieser Gebärde wird der Ort der Lautbildung betont.

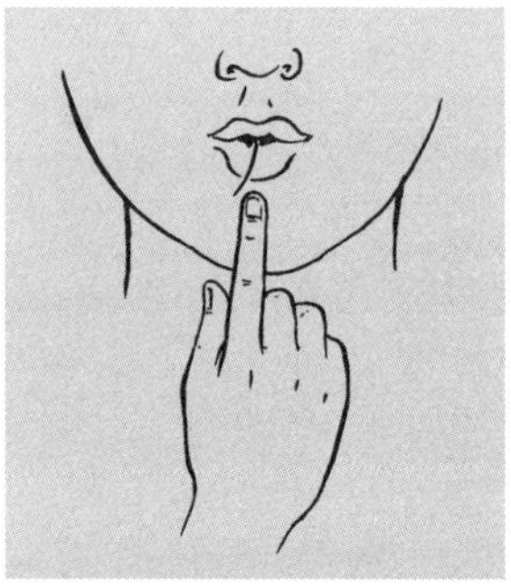

Erste Lese- und Sprechübungen

F wird am Anfang nur mit den Selbstlauten zu einer Silbe verschmolzen. Zuerst wird das f gesprochen, dann wird langsam zu den anderen Lauten übergegangen. Beide Laute werden nacheinander mit der Lautgebärde gezeigt. Die Laute dürfen nicht einzeln und abgehackt gesprochen werden; das Verschmelzen ist ganz besonders wichtig. Zu dieser Übung benutzen wir den Silbenteppich.

	a	e	i	o	u
f	fa	fe	fi	fo	fu

4. Die Buchstaben im Viererfenster

Es gibt 4 verschiedene Buchstaben für den Laut f:
das große gedruckte **F**, das kleine gedruckte **f**
das große geschriebene F, das kleine geschriebene f

F	f
F	f

Übungen mit dem Viererfenster

Die Lehrkraft nennt den Laut und die Kinder schreiben einen Buchstaben dazu auf. Welchen Buchstaben die Schüler schreiben sollen, hängt von der jeweiligen Aufgabenstellung ab. Es können nur der große oder nur der kleine oder auch beide Buchstaben, die zu dem Laut gehören, aufgeschrieben werden.

5. Phonematische Übungen

Übung 1: In welchen Wörtern hörst du den Laut f?

Arbeitsanweisungen:

1. Ich sage das Wort. / 2. Sprich nach und übe am Spiegel! / 3. Überlege genau! / 4. Trage den Buchstaben ein!

Übung 2: An welcher Stelle im Wort hörst du den Laut f? (Die Arbeitsanweisungen sind dieselben wie bei Übung 1.)

Hinweise: Beide Übungen werden hintereinander durchgeführt. Während des Sprechens und Hörens schauen die Kinder in ihre Spiegel. Der Mund der Lehrkraft wird mit einem Blatt verdeckt.

Tabelle für die Lehrkraft			Tabelle für das Kind (Lösungen)				
	Übung 1	Übung 2		Übung 1	Übung 2		
	f	WA, WM, WE		Laut: ...	WA	WM	WE
1.	Fahne	Fee	1.	f	f		
2.	Fehler	Familie	2.	f	f		
3.	Feier	Ofen	3.	f		f	
4.	weinen	Kiefer	4.			f	
5.	Sofa	Hof	5.	f			f
6.	Affe	Sofa	6.	f		f	
7.	tief	Brief	7.	f			f
8.	Wien	fürchten	8.		f		
9.	Mohn	Wettlauf	9.				f
10.	Foto	Schaufel	10.	f		f	

Wie viele f hörst du in den einzelnen Sätzen?

1. Frieda und Fritz haben fleißige Freunde. (4)
2. Sie helfen ihnen beim Füttern der wilden Füchse. (3)
3. Füchse mögen Kleintiere und frisches Wild. (2)

6. Optische Übungen / 7. Taktile / kinästhetische Übungen

(Erläuterungen siehe z. B. auf S. 9)

8. Zungenbrecher und Reimwörter

Zu jedem Laut sollten die Schüler einen Zungenbrecher lernen. Bei den Zungenbrechern und Reimwörtern spielt die Rechtschreibung zunächst keine Rolle. Im Vordergrund steht der Klang, nicht die Schreibweise. Die Lehrkraft muss hierbei immer wieder darauf achten, dass die Kinder deutlich sprechen.

Zungenbrecher
Fischers Fritze fischte frische Fische.
Frische Fische fischte Fischers Fritze.

Reimwörter
mündlich: Fahne – Sahne, Faden – Laden – Schaden – Maden – Waden – baden, faul – Paul – Maul

9. Schreibübungen

a) Buchstabe

Die Buchstaben F, f mit dickem Fasermaler schreiben, groß beginnen, kleiner werden; zuletzt mit Füller ins Heft oder auf ein Arbeitsblatt schreiben.

b) Übungswörter

Sofa, Mofa, Feile, auf, fein

Lautgewinnung L, l

1. Einführung

siehe „Erste phonematische Übung" oder
eine Geschichte mit L-Wörtern ausdenken oder
eine entsprechende Geschichte aus einem „Abc-Buch" lesen oder
einen Zungenbrecher vorsprechen oder Reimwörter nennen und fragen:

- Welchen Laut hörst du in den meisten Wörtern?
- Welche Wörter mit diesem Laut hast du dir gemerkt?

2. Erste phonematische Übung

Welchen Laut hörst du in allen Wörtern? (Die Lehrkraft spricht vor, die Kinder sprechen nach.)

Wortanfang (WA)	Wortmitte (WM)	Wortende (WE)
Lara, Laterne, lachen	Maler, malen, alle	Aal, kahl, Wal
Leder, Leben, lesen	Kehle, Seele	Stahl, Kamel
Lied, liegen	Paula	Mehl, Kiel
Lob, loben, Lore	Keule, Beule	Beil, Stiel
Lupe, Luder, Luzie	Keiler	Paul
Laube, Laus, laut	Kohle	Stall
Leute	holen	Kerl
lösen, löten, löschen	Sohle	faul
Lüge, Lüneburg	Mole	Fall
leise, Leiter, Leine	Dohle	Seil, steil

Hinweise: Die Tabelle kann ergänzt werden. Berücksichtigen Sie dabei auch – falls möglich – die Namen der Kinder in der Klasse. („Welche Wörter kennt ihr noch?" Die Kinder ergänzen.)

3. Phonetische Übung

Hinweis: Die Kinder schauen in ihre Spiegel und benutzen bewusst ihre Sprechwerkzeuge.

Lautbildung

Die Zungenspitze befindet sich hinter den oberen Schneidezähnen. Die Luft entweicht langsam. Lernanfänger verwechseln oft l und n. Grund dafür ist dieselbe Position der Zunge.

Lautgebärde

Die Hand wird geöffnet zum Kinn geführt und schließt sich dort um einen imaginären „langen Bart". Sie streicht um diesen Bart herum nach unten.

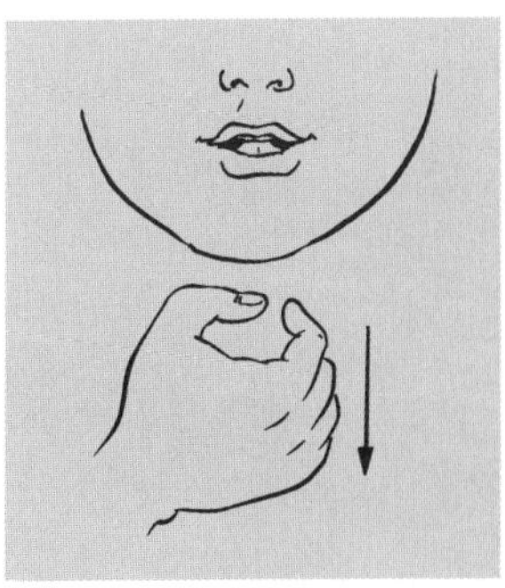

Erste Lese- und Sprechübungen

L wird am Anfang nur mit den Selbstlauten zu einer Silbe verschmolzen. Zuerst wird das l gesprochen, dann wird langsam zu den anderen Lauten übergegangen. Beide Laute werden nacheinander mit der Lautgebärde gezeigt. Die Laute dürfen nicht einzeln und abgehackt gesprochen werden; das Verschmelzen ist ganz besonders wichtig. Zu dieser Übung benutzen wir den Silbenteppich.

	a	e	i	o	u
l	la	le	li	lo	lu

4. Die Buchstaben im Viererfenster

Es gibt 4 verschiedene Buchstaben für den Laut l:
das große gedruckte **L**, das kleine gedruckte **l**
das große geschriebene *L*, das kleine geschriebene *l*

L	l
L	*l*

Übungen mit dem Viererfenster

Die Lehrkraft nennt den Laut und die Kinder schreiben einen Buchstaben dazu auf. Welchen Buchstaben die Schüler schreiben sollen, hängt von der jeweiligen Aufgabenstellung ab. Es können nur der große oder nur der kleine oder auch beide Buchstaben, die zu dem Laut gehören, aufgeschrieben werden.

5. Phonematische Übungen

Übung 1: In welchen Wörtern hörst du den Laut l?

Arbeitsanweisungen:
1. Ich sage das Wort. / 2. Sprich nach und übe am Spiegel! / 3. Überlege genau! / 4. Trage den Buchstaben ein!

Übung 2: An welcher Stelle im Wort hörst du den Laut l? (Die Arbeitsanweisungen sind dieselben wie bei Übung 1.)

Hinweise: Beide Übungen werden hintereinander durchgeführt. Während des Sprechens und Hörens schauen die Kinder in ihre Spiegel. Der Mund der Lehrkraft wird mit einem Blatt verdeckt.

Tabelle für die Lehrkraft			**Tabelle für das Kind (Lösungen)**				
	Übung 1	Übung 2		Übung 1	Übung 2		
	l	**WA, WM, WE**		**Laut: ...**	**WA**	**WM**	**WE**
1.	lachen	lesen	1.	l	l		
2.	leise	laufen	2.	l	l		
3.	nein	Mehl	3.				l
4.	Keule	Seil	4.	l			l
5.	Wein	Mole	5.			l	
6.	faul	Keller	6.	l		l	
7.	Kohle	Lüge	7.	l	l		
8.	Toni	löten	8.		l		
9.	Leine	Beule	9.	l		l	
10.	kein	Stahl	10.				l

Die Lehrkraft wertet die Übungen aus und erfährt so, welches Kind den Laut nicht oder nur ungenau hört.

Wie viele l hörst du in den einzelnen Sätzen?

1. Leo und Lisa singen leise Lieder. (4)
2. Lisbeth und Lena malen lila Blumen. (6)
3. Die Kinder helfen der Mutter und lachen laut über den lustigen Lehrer. (5)

Phonematische Übung am Spiegel

Die Laute n und l werden an derselben Stelle im Mund, hinter der oberen Zahnreihe, gebildet. Unterschiedlich ist nur die Position bzw. Bewegung der Zunge. Bei n liegt die Zungenspitze breit hinter den oberen Schneidezähnen, während bei l die Zungenspitze die oberen Schneidezähne nur antippt. Viele Lehrkräfte können sich nicht erklären, warum die Kinder beim Lautdiktat diese beiden Laute oft verwechseln. Sind die Kinder in der Lautbildung sicher und wissen genau, was die Zunge zu tun hat, dann verwechseln sie die Laute bzw. Buchstaben nicht mehr. Es gibt aber noch einen zweiten Grund:

Wenn die Schüler der ersten Klasse die Laute und Buchstaben lernen, findet bei vielen Kindern gleichzeitig der Zahnwechsel statt. Dadurch wird die Lautbildung erschwert und es kann zu Fehlern kommen.

L, l	N, n
Zungen**spitze** liegt hinter den oberen Schneidezähnen und tippt sie an	Zungen**fläche** liegt fest hinter den oberen Schneidezähnen
Lama	Name
lesen	Nase
Lola	Nino
lila	Nena
Lore	an

Aufgabe: Welchen Laut hörst du in folgenden Wörtern: n oder l?

Arbeitsanweisungen:
1. Ich sage das Wort. / 2. Sprich nach und übe am Spiegel! / 3. Überlege genau! / 4. Trage den Buchstaben ein!

	Lehrkraft		Schüler
	l oder n?		**l oder n? (Lösungen)**
1.	Luise	1.	l
2.	Note	2.	n
3.	Lena	3.	l, n
4.	Nebel	4.	n, l
5.	lila	5.	l, l
6.	Nena	6.	n, n
7.	Nase	7.	n
8.	Leiter	8.	l
9.	Kahn	9.	n
10.	Seil	10.	l

6. Optische Übungen / 7. Taktile / kinästhetische Übungen

(Erläuterungen siehe z. B. auf S. 9)

8. Zungenbrecher und Reimwörter

Zu jedem Laut sollten die Schüler einen Zungenbrecher lernen. Bei den Zungenbrechern und Reimwörtern spielt die Rechtschreibung zunächst keine Rolle. Im Vordergrund steht der Klang, nicht die Schreibweise. Die Lehrkraft muss hierbei immer wieder darauf achten, dass die Kinder deutlich sprechen.

Zungenbrecher
In Lüneburg lachen die Leute laut und leise.
Laut und leise lachen die Leute in Lüneburg.

Reimwörter
mündlich: Laube – Haube – Gaube, liegen – siegen – kriegen – biegen, Leiter – Reiter – weiter – heiter, leise – Meise, lachen – wachen – machen, Luder – Ruder – Fuder, Lilo – Tilo
schriftlich: Lena – Nena, leise – Meise – Reise

9. Schreibübungen

a) Buchstabe
Die Buchstaben L, l mit dickem Fasermaler schreiben, groß beginnen, kleiner werden; zuletzt mit Füller ins Heft oder auf ein Arbeitsblatt schreiben.

b) Übungswörter
Limo, Lisa, Lilo, Muli, lila, lese, lose, faul

Lautgewinnung H, h

1. Einführung

siehe „Erste phonematische Übung“ oder
eine Geschichte mit H-Wörtern ausdenken oder
eine entsprechende Geschichte aus einem „Abc-Buch“ lesen oder
einen Zungenbrecher vorsprechen oder Reimwörter nennen und fragen:

- Welchen Laut hörst du in den meisten Wörtern?
- Welche Wörter mit diesem Laut hast du dir gemerkt?

2. Erste phonematische Übung

Welchen Laut hörst du in allen Wörtern? (Die Lehrkraft spricht vor, die Kinder sprechen nach.)

Wortanfang (WA)	Wortmitte (WM)	Wortende (WE)
Hase, Hafer, Hafen	einholen	
Hefe, heben, haben	ausholen	
hier, Hilfe	überholen	
Hose, Hof, holen,	aufheben	
Honig, Hut, Hufeisen	gehen, sehen	
Haut, Haufen, Haus	stehen	
Heimat, Heim, heilen		
heulen, Heu		
heizen, heiraten		

Wörter mit h am Wortende gibt es zwar, aber man hört das h nicht.

Hinweise: Die Tabelle kann ergänzt werden. Berücksichtigen Sie dabei auch – falls möglich – die Namen der Kinder in der Klasse. („Welche Wörter kennt ihr noch?“ Die Kinder ergänzen.)

3. Phonetische Übung

Hinweis: Die Kinder schauen in ihre Spiegel und benutzen bewusst ihre Sprechwerkzeuge.

Lautbildung
H ist ein Hauchlaut, der also nur gehaucht wird. Das h am Wortende und am Ende des Wortstamms ist stumm; man hört es nicht.

Lautgebärde
Die innere Handfläche wird angehaucht. Diese Gebärde wird nur für das hörbare h (z. B. Hase, Hof, sehen) eingeführt.

Erste Lese- und Sprechübungen
H wird am Anfang nur mit den Selbstlauten zu einer Silbe verschmolzen. Zuerst wird das h gesprochen, dann wird langsam zu den anderen Lauten übergegangen. Beide Laute werden nacheinander mit der Lautgebärde gezeigt. Die Laute dürfen nicht einzeln und abgehackt gesprochen werden; das Verschmelzen ist ganz besonders wichtig. Zu dieser Übung benutzen wir den Silbenteppich.

	a	e	i	o	u
h	ha	he	hi	ho	hu

4. Die Buchstaben im Viererfenster

Es gibt 4 verschiedene Buchstaben für den Laut h:
das große gedruckte **H**, das kleine gedruckte **h**
das große geschriebene *H*, das kleine geschriebene *h*

H	h
H	*h*

Übungen mit dem Viererfenster
Die Lehrkraft nennt den Laut und die Kinder schreiben einen Buchstaben dazu auf. Welchen Buchstaben die Schüler schreiben sollen, hängt von der jeweiligen Aufgabenstellung ab. Es können nur der große oder nur der kleine oder auch beide Buchstaben, die zu dem Laut gehören, aufgeschrieben werden.

5. Phonematische Übungen

Übung 1: In welchen Wörtern hörst du den Laut h?

Arbeitsanweisungen:
1. Ich sage das Wort. / 2. Sprich nach und übe am Spiegel! / 3. Überlege genau! / 4. Trage den Buchstaben ein!

Übung 2: An welcher Stelle im Wort hörst du den Laut h? (Die Arbeitsanweisungen sind dieselben wie bei Übung 1.)

Hinweise: Beide Übungen werden hintereinander durchgeführt. Während des Sprechens und Hörens schauen die Kinder in ihre Spiegel. Der Mund der Lehrkraft wird mit einem Blatt verdeckt.

Tabelle für die Lehrkraft			Tabelle für das Kind (Lösungen)				
	Übung 1	Übung 2		Übung 1	Übung 2		
	h	WA, WM, WE		Laut: ...	WA	WM	WE
1.	Hafen	Hubert	1.	h	h		
2.	Hose	Heiner	2.	h	h		
3.	Ofen	sehen	3.			h	
4.	Asche	einholen	4.			h	
5.	heilen	Heu	5.	h	h		
6.	hoch	Hufeisen	6.	h	h		
7.	oben	Hafer	7.		h		
8.	Hefe	gehen	8.	h		h	
9.	Riese	aufheben	9.			h	
10.	Heimat	Honig	10.	h	h		

Die Lehrkraft wertet die Übungen aus und erfährt so, welches Kind den Laut nicht oder nur ungenau hört.

Wie viele h hörst du in den einzelnen Sätzen?
1. Herbert aus Hof fährt gern in seine Heimat nach Sachsen. (3)
2. Heu und Hafer liegen auf einem großen Haufen. (3)
3. Heute heiratet Herr Heine Frau Holle. (5)

6. Optische Übungen / 7. Taktile / kinästhetische Übungen

(Erläuterungen siehe z. B. auf S. 9)

8. Zungenbrecher und Reimwörter

Zu jedem Laut sollten die Schüler einen Zungenbrecher lernen. Bei den Zungenbrechern und Reimwörtern spielt die Rechtschreibung zunächst keine Rolle. Im Vordergrund steht der Klang, nicht die Schreibweise. Die Lehrkraft muss hierbei immer wieder darauf achten, dass die Kinder deutlich sprechen.

Zungenbrecher
Hinter Herrmann Hannes Haus hängen hundert Hemden raus.
Hundert Hemden hängen raus hinter Herrmann Hannes Haus.

Reimwörter
mündlich: Haufen – raufen – saufen, heilen – feilen, Heim – Keim – Leim – Reim
Haut – laut, Hut – Mut – gut, heben – leben – geben – Reben – streben, heizen – Weizen
schriftlich: Hose – Rose, Hase – Nase, Haus – Maus – raus – Laus

9. Schreibübungen

a) Buchstabe
Die Buchstaben H, h mit dickem Fasermaler schreiben, groß beginnen, kleiner werden; zuletzt mit Füller ins Heft oder auf ein Arbeitsblatt schreiben.

b) Übungswörter
Hase, Hose, Haus, hin, her, hinauf, herein, heraus, herauf, Hasenhaus

Lautgewinnung -en

Man kann immer wieder beobachten, dass Kinder mit Hörwahrnehmungsproblemen Endungen von Wörtern und auch kleine Wörter gar nicht oder nur undeutlich wahrnehmen (hören). Durch vielfältige Übungen werden den Kindern die Endungen bewusst gemacht und ein Erfolg wird zu spüren sein. Im Anfangsunterricht wird vordergründig lautiert. Die Lautsprache ist unsere wissenschaftliche Grundlage. Erst wenn zum Lautieren ein bestimmtes Grundwissen vorhanden ist, wird buchstabiert. Solange lautiert wird, werden die Endungen als ein Laut betrachtet. Dieses Vorgehen hat sich in der Praxis sehr gut bewährt. Zuerst wird die Endung -en eingeführt, dann die Endung -er. Geübt werden beide im Wechsel oder zusammen.

1. Phonematische Übung

(Die Lehrkraft spricht vor, die Kinder sprechen nach.)

-en am Wortende (WE)
fahren, lachen, sagen, malen
nehmen, sehen, legen, leben, beben, streben, heben
liegen, lieben, riechen, ziehen, biegen, kriegen
loben, holen, wohnen, suchen, buchen
säen, fräsen, löten, töten, lügen, führen, brüten
laufen, saufen, raufen, kaufen, träumen, freuen
leimen, feilen, keimen, reimen, heilen, keilen, peilen
Wiesen, Öfen, Endungen, Eichen, Wannen, Lärchen
Hosen, Nasen, Jungen, Bären, Beeren, Pflanzen
-en kommt in Verben und als Mehrzahlform von Substantiven vor

Aufgaben:
- Welchen Laut hörst du in den meisten Wörtern?
- Welche Wörter mit diesem Laut hast du dir gemerkt?

Die Tabelle kann ergänzt werden. Berücksichtigen Sie dabei die Ideen der Kinder. („Welche Wörter kennt ihr noch?")

2. Phonetische Übung

Lautbildung

Es handelt sich um 2 Buchstaben: e und n, die man wie einen Laut ausspricht. -en ist charakteristisch als Verbendung und Mehrzahlform von Substantiven.

Lautgebärde

Die Hände sind zunächst geöffnet und werden in Brusthöhe mit der inneren Handfläche vom Körper abgewandt hochgehoben. In einer raschen Bewegung schließen sich die Hände zur Faust. Damit wird die Vorstellung verbunden, dass man die beiden „Beinchen" des kleinen n rasch festhalten muss, um das -en nicht zu verlieren.

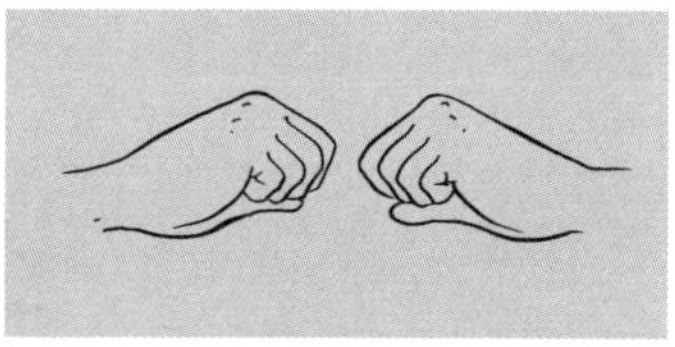

3. Die Buchstaben im Zweierfenster

Es gibt 2 verschiedene Buchstaben für den Laut -en:
das kleine gedruckte **-en**
das kleine geschriebene *-en*

-en
-en

Übungen mit dem Zweierfenster
Die Lehrkraft nennt die Endung. Die Schüler schreiben beide Buchstaben dazu auf. Was die Schüler schreiben sollen, hängt von der jeweiligen Aufgabenstellung ab. Es kann hier die geschriebene oder die gedruckte Endung sein.

4. Optische Übungen / 5. Taktile / kinästhetische Übungen

(Erläuterungen siehe z. B. auf S. 9)

6. Zungenbrecher und Reimwörter

Zu jedem Laut sollten die Schüler einen Zungenbrecher lernen. Bei den Zungenbrechern und Reimwörtern spielt die Rechtschreibung zunächst keine Rolle. Im Vordergrund steht der Klang, nicht die Schreibweise. Die Lehrkraft muss hierbei immer wieder darauf achten, dass die Kinder deutlich sprechen.

Zungenbrecher
Laufen, lesen, springen ruhn' – alles kann man tun.

Reimwörter
mündlich: leben – beben – streben – geben, lachen – machen – Sachen, liegen – kriegen – biegen
schriftlich: leimen – reimen, saufen – laufen – raufen, Hasen – Nasen

7. Schreibübungen

Übungswörter
holen, rufen, malen, heilen, lesen, reimen, leimen, Reifen, Haufen

(Um genügend bekannte Buchstaben benutzen zu können, wird die Endung -el erst nach der Einführung des Lautes sch erarbeitet; siehe dazu S. 103.)

Lautgewinnung -er

1. Erste phonematische Übung

Die Lehrkraft spricht vor, die Kinder sprechen nach.

-er am Wortende (WE)
Kater, Vater
Leiter, Reiter, Hafer
Mauer, Lauer, Ufer
Träumer
Kilometer, Wanderer
Maler, Fahrer, Arbeiter, Bauer
Bäcker, Fleischer, Verkäufer
Händler, Maurer
-er kommt am Wortende von männlichen Substantiven oder bei männlichen Berufen vor

Aufgaben:
- Welchen Laut hörst du in den meisten Wörtern?
- Welche Wörter mit diesem Laut hast du dir gemerkt?

Die Tabelle kann ergänzt werden. Berücksichtigen Sie dabei die Ideen der Kinder. („Welche Wörter kennt ihr noch?“)

2. Phonetische Übung

Lautbildung
Es handelt sich um 2 Buchstaben: e und r, die man wie einen Laut ausspricht. -er ist charakteristisch als Endung von männlichen Substantiven.

Lautgebärde
Die gleiche Bewegung wie bei -en, nur dass sie mit einer Hand ausgeführt wird, weil das kleine r nur ein „Beinchen“ hat.

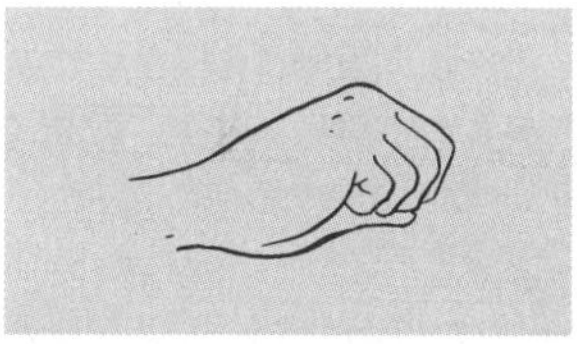

Erste Lese- und Sprechübungen
Die Endungen -en und -er werden hier mit den behandelten Mitlauten verschmolzen. Zuerst wird der jeweilige Mitlaut gesprochen, dann wird langsam zu den Endungen übergegangen. Beide Laute werden nacheinander mit der Lautgebärde gezeigt. Die Laute dürfen nicht einzeln und abgehackt gesprochen werden; das Verschmelzen ist ganz besonders wichtig. Zu dieser Übung benutzen wir den Silbenteppich.

	a	e	i	o	u	en	er
m	ma	me	mi	mo	mu	men	mer
r	ra	re	ri	ro	ru	ren	rer
s	sa	se	si	so	su	sen	ser

3. Die Buchstaben im Zweierfenster

Es gibt 2 verschiedene Buchstaben für den Laut -er:
das kleine gedruckte **-er**
das kleine geschriebene *-er*

-er
-er

Übungen mit dem Zweierfenster
Die Lehrkraft nennt die Endung. Die Schüler schreiben beide Buchstaben dazu auf. Was die Schüler schreiben sollen, hängt von der jeweiligen Aufgabenstellung ab. Es kann hier die geschriebene oder die gedruckte Endung sein.

4. Phonematische Übung am Spiegel

Aufgabe: Welche Endung hörst du in den folgenden Wörtern: -en oder -er?
(Der Mund der Lehrkraft wird mit einem Blatt verdeckt.)

Arbeitsanweisungen:
1. Ich sage das Wort. / 2. Sprich nach und übe am Spiegel! / 3. Überlege genau! / 4. Trage den Buchstaben ein!

	Lehrkraft		Schüler
	-en oder -er?		**-en oder -er? (Lösungen)**
1.	lesen	1.	-en
2.	raten	2.	-en
3.	Fleischer	3.	-er
4.	Mauer	4.	-er
5.	Wiesen	5.	-en
6.	Jungen	6.	-en
7.	Diener	7.	-er
8.	Maler	8.	-er
9.	schauen	9.	-en
10.	Leiter	10.	-er

5. Optische Übungen / 6. Taktile / kinästhetische Übungen

(Erläuterungen siehe z. B. auf S. 9)

7. Zungenbrecher und Reimwörter

Zu jedem Laut sollten die Schüler einen Zungenbrecher lernen. Bei den Zungenbrechern und Reimwörtern spielt die Rechtschreibung zunächst keine Rolle. Im Vordergrund steht der Klang, nicht die Schreibweise. Die Lehrkraft muss hierbei immer wieder darauf achten, dass die Kinder deutlich sprechen.

Zungenbrecher
Maler, Maurer, Fleischer, Penner – alles Männer.

Reimwörter
mündlich: sauer – Mauer – Lauer – Dauer – Bauer – Schauer, Maler – Taler, Reiter – Leiter – heiter – weiter, Vater – Kater, Diener – Wiener, Meister – Kleister, Läufer – Käufer
schriftlich: sauer – Mauer – Lauer

8. Schreibübungen

Übungswörter
Ufer, Eimer, Eier, Mauer, Maurer, Hafer

(Um genügend bekannte Buchstaben benutzen zu können, wird die Endung -el erst nach der Einführung des Lautes sch erarbeitet; siehe dazu S. 103.)

Lautgewinnung Ch_1, ch_1

Unsere deutsche Sprache hat einige Besonderheiten: Zu der Buchstabenverbindung ch gibt es zwei verschiedene Laute:
Das ch, das so klingt wie in „ich", bezeichnen wir als ch_1.
Das ch, das so klingt wie in „ach", bezeichnen wir als ch_2.
Die Kinder merken sich diese Bezeichnungen und benutzen sie auch noch später.

1. Einführung

siehe „Erste phonematische Übung" oder
eine Geschichte mit Ch_1-Wörtern ausdenken oder
einen Zungenbrecher vorsprechen oder Reimwörter nennen und fragen:
- Welchen Laut hörst du in den meisten Wörtern?
- Welche Wörter mit diesem Laut hast du dir gemerkt?

2. Erste phonematische Übung

Welchen Laut hörst du in allen Wörtern? (Die Lehrkraft spricht vor, die Kinder sprechen nach.)

Wortanfang (WA)	Wortmitte (WM)	Wortende (WE)
China	Eiche, Eichel	reich, gefährlich
Chinese	Fichte, Gedicht	frech
Chemie	Becher, Rechen	weich
	Weiche, leicht, Zeichen	ich
	Licht, nicht	mich
	Wichtel, richtig, riechen	sich
	Bücher	dich
	Küche	euch
	schnarchen, möchte	gleich
	feucht	Teppich

Hinweise: Die Tabelle kann ergänzt werden. Berücksichtigen Sie dabei auch – falls möglich – die Namen der Kinder in der Klasse. („Welche Wörter kennt ihr noch?" Die Kinder ergänzen.)

3. Phonetische Übung

Hinweis: Die Kinder schauen in ihre Spiegel und benutzen bewusst ihre Sprechwerkzeuge.

Lautbildung

Ch_1 klingt wie ch in „ich". Die Zunge liegt breit hinter den unteren Schneidezähnen, die Zungenränder befinden sich an den Backenzähnen. Die Luft entweicht langsam und die Zunge bildet einen Katzenbuckel. Ch_1 wird ohne Stimme gesprochen. Man kann ch_1 mit zugehaltenen Ohren sprechen, auch im Wechsel mit j: ch_1 – j; ch_1 ohne Stimme, j mit Stimme.

Lautgebärde

Das Gesicht wird leicht angehoben. Der Zeigefinger deutet auf die Zähne, der Daumen auf den Kehlkopf. Es entsteht eine Katzenkralle.

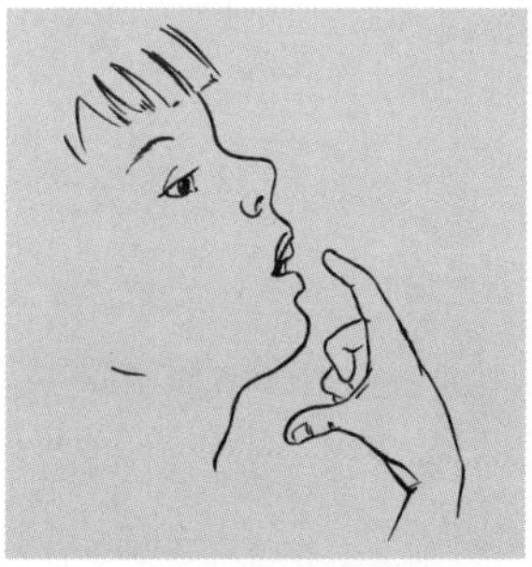

Erste Lese- und Sprechübungen

Ch_1 wird am Anfang nur mit den Selbstlauten zu einer Silbe verschmolzen. Zuerst wird das ch_1 gesprochen, dann wird langsam zu den anderen Lauten übergegangen. Beide Laute werden nacheinander mit der Lautgebärde gezeigt. Die Laute dürfen nicht einzeln und abgehackt gesprochen werden; das Verschmelzen ist ganz besonders wichtig. Zu dieser Übung benutzen wir den Silbenteppich.

	a	**e**	**i**	**o**	**u**
ch_1	cha	che	chi	cho	chu

4. Die Buchstaben im Viererfenster

Es gibt 4 verschiedene Buchstaben für den Laut ch_1:
das große gedruckte **Ch_1**, das kleine gedruckte **ch_1**
das große geschriebene *Ch_1*, das kleine geschriebene *ch_1*

Ch_1	ch_1
Ch_1	*ch_1*

Übungen mit dem Viererfenster

Die Lehrkraft nennt den Laut und die Kinder schreiben einen Buchstaben dazu auf. Welchen Buchstaben die Schüler schreiben sollen, hängt von der jeweiligen Aufgabenstellung ab. Es können nur der große oder nur der kleine oder auch beide Buchstaben, die zu dem Laut gehören, aufgeschrieben werden.

5. Phonematische Übungen

Übung 1: In welchen Wörtern hörst du den Laut ch_1?

Arbeitsanweisungen:

1. Ich sage das Wort. / 2. Sprich nach und übe am Spiegel! / 3. Überlege genau! / 4. Trage den Buchstaben ein!

Übung 2: An welcher Stelle im Wort hörst du den Laut ch_1? (Die Arbeitsanweisungen sind dieselben wie bei Übung 1.)

Hinweise: Beide Übungen werden hintereinander durchgeführt. Während des Sprechens und Hörens schauen die Kinder in ihre Spiegel. Der Mund der Lehrkraft wird mit einem Blatt verdeckt.

Tabelle für die Lehrkraft			**Tabelle für das Kind (Lösungen)**				
	Übung 1	Übung 2		Übung 1	Übung 2		
	ch_1	**WA, WM, WE**		**Laut: …**	**WA**	**WM**	**WE**
1.	sich	Becher	1.	ch_1		ch_1	
2.	Eichel	Pech	2.	ch_1			ch_1
3.	waschen	euch	3.				ch_1
4.	jeder	Fichte	4.			ch_1	
5.	Licht	Eiche	5.	ch_1		ch_1	
6.	Jäger	China	6.		ch_1		
7.	Teppich	Chemie	7.	ch_1	ch_1		
8.	rauschen	weich	8.				ch_1
9.	Wichtel	frech	9.	ch_1			ch_1
10.	rechnen	Küche	10.	ch_1		ch_1	

Die Lehrkraft wertet die Übungen aus und erfährt so, welches Kind den Laut nicht oder nur ungenau hört.

Wie viele ch_1 hörst du in den einzelnen Sätzen?
1. Frau Eichelmann möchte mit den Schülern ein Gedicht lernen. (3)
2. Die Weihnachtslichter hat Vater an der Fichte angebracht. (2)
3. Feuchtigkeit ist für Bücher gefährlich. (3)

6. Optische Übungen / 7. Taktile / kinästhetische Übungen

(Erläuterungen siehe z. B. auf S. 9)

8. Zungenbrecher und Reimwörter

Zu jedem Laut sollten die Schüler einen Zungenbrecher lernen. Bei den Zungenbrechern und Reimwörtern spielt die Rechtschreibung zunächst keine Rolle. Im Vordergrund steht der Klang, nicht die Schreibweise. Die Lehrkraft muss hierbei immer wieder darauf achten, dass die Kinder deutlich sprechen.

Zungenbrecher
Die Fichte will gut riechen, der Wichtel kann gut kriechen.

Reimwörter
mündlich: Bücher – Tücher, Licht – Wicht – Sicht, weich – reich
schriftlich: ich – mich – sich

9. Schreibübungen

a) Buchstabenverbindung
Die Buchstaben Ch_1, ch_1 mit dickem Fasermaler schreiben, groß beginnen, kleiner werden; zuletzt mit Füller ins Heft oder auf ein Arbeitsblatt schreiben.

b) Übungswörter
ich, mich, sich, Eiche, China, Weiche, weich, reich

Lautgewinnung Ch_2, ch_2

1. Einführung

siehe „Erste phonematische Übung“ oder
eine Geschichte mit Ch_2-Wörtern ausdenken oder
einen Zungenbrecher vorsprechen oder Reimwörter nennen und fragen:

- Welchen Laut hörst du in den meisten Wörtern?
- Welche Wörter mit diesem Laut hast du dir gemerkt?

2. Erste phonematische Übung

Welchen Laut hörst du in allen Wörtern? (Die Lehrkraft spricht vor, die Kinder sprechen nach.)

Wortanfang (WA)	Wortmitte (WM)	Wortende (WE)
	lachen	ach
	machen	auch
	Sachen	noch
	Buche	hoch
	Kuchen	nach
	suchen	Dach, Bach
	fauchen	Loch, doch
	tauchen	Bauch
	wachsam	Hauch, Lauch
	hauchen	Buch

Hinweise: Die Tabelle kann ergänzt werden. Berücksichtigen Sie dabei auch – falls möglich – die Namen der Kinder in der Klasse. („Welche Wörter kennt ihr noch?“ Die Kinder ergänzen.)

Eine Besonderheit unserer Sprache ist, dass es keine Wörter gibt, bei denen man am Wortanfang ein ch_2 hört. Es gibt aber Wörter, die am Anfang mit Ch geschrieben werden. In diesen Wörtern hört man aber nur den Laut ch_1.

3. Phonetische Übung

Hinweis: Die Kinder schauen in ihre Spiegel und benutzen bewusst ihre Sprechwerkzeuge.

Lautbildung
Ch_2 wird gesprochen wie das ch in ach. Es ist der Schnarchlaut. Hinten im Rachen entsteht eine Engstelle, durch die die Luft gepresst wird. Man kann den Laut mit dem Schnarchen und Grunzen eines Schweins vergleichen. Sprechübungen von ch_2 und ähnlich klingenden Lauten bieten sich an: ch_2 – r – ch_2 – r – ch_2 / ch_2 – ch_1 – ch_2 – ch_1 – ch_2 … Das Sprechen mit zugehaltenen Ohren hilft oft beim Erkennen der Unterschiede.

Lautgebärde
Das Gesicht wird leicht angehoben. Zeigefinger und Mittelfinger (2-Finger-ch_2) deuten auf die Zähne, der Daumen auf den Kehlkopf.

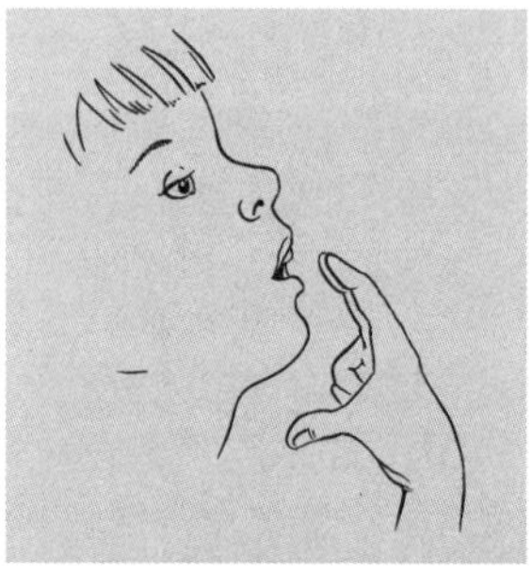

Erste Leseübungen, Sprechübungen

Ch_2 wird am Anfang nur mit den Selbstlauten zu einer Silbe verschmolzen. Zuerst wird das ch_2 gesprochen, dann wird langsam zu den anderen Lauten übergegangen. Beide Laute werden nacheinander mit der Lautgebärde gezeigt. Die Laute dürfen nicht einzeln und abgehackt gesprochen werden; das Verschmelzen ist ganz besonders wichtig. Zu dieser Übung benutzen wir den Silbenteppich.

	a	e	i	o	u
ch_2	cha	che	chi	cho	chu

4. Phonematische Übungen

Übung 1: In welchen Wörtern hörst du den Laut ch_2?

Arbeitsanweisungen:

1. Ich sage das Wort. / 2. Sprich nach und übe am Spiegel! / 3. Überlege genau! / 4. Trage den Buchstaben ein!

Übung 2: An welcher Stelle im Wort hörst du den Laut ch_2? (Die Arbeitsanweisungen sind dieselben wie bei Übung 1.)

Hinweise: Beide Übungen werden hintereinander durchgeführt. Während des Sprechens und Hörens schauen die Kinder in ihre Spiegel. Der Mund der Lehrkraft wird mit einem Blatt verdeckt.

Tabelle für die Lehrkraft			**Tabelle für das Kind (Lösungen)**				
	Übung 1	Übung 2		Übung 1	Übung 2		
	ch_2	**WM, WE**		**Laut: ...**	**WA**	**WM**	**WE**
1.	nach	lachen	1.	ch_2		ch_2	
2.	suchen	Kuchen	2.	ch_2		ch_2	
3.	lutschen	Bauch	3.				ch_2
4.	rechnen	Krach	4.				ch_2
5.	fahren	Buche	5.			ch_2	
6.	hauchen	fauchen	6.	ch_2		ch_2	
7.	Wache	Kachel	7.	ch_2		ch_2	
8.	waren	auch	8.				ch_2
9.	Kachel	noch	9.	ch_2			ch_2
10.	Bauch	Dach	10.	ch_2			ch_2

Die Lehrkraft wertet die Übungen aus und erfährt so, welches Kind den Laut nicht oder nur ungenau hört.

Unsere Sprache hat einige Besonderheiten. Es ist eine ziemlich schwierige Sprache. Wörter mit ch_2 am Wortanfang gibt es im Deutschen nicht.

Wie viele ch_2 hörst du in den einzelnen Sätzen?

1. Diese Sachen brauchen wir für den Kuchen. (3)
2. Achim sucht das Loch im Dach. (4)
3. In der Küche stehen acht Kuchen. (2)

Phonematische Übung am Spiegel 1

Zu der Buchstabenverbindung ch gibt es zwei verschiedene Laute: das ch, das klingt wie in „ich“ und das ch, das klingt wie in „ach“.

Ch_1 klingt wie das Fauchen einer Katze, ch_2 klingt wie das Grunzen eines Schweins. An dieser Stelle werden die Unterschiede im Bereich der Lautbildung nochmals verdeutlicht.

1 Buchstabenverbindung – 2 verschiedene Laute

ch_1	ch_2
ich-Laut	ach-Laut
Fauchlaut	Schnarchlaut, Grunzlaut
Zungenspitze befindet sich hinter den unteren Schneidezähnen, die Zungenränder liegen an den Backenzähnen, die Zunge bildet einen Katzenbuckel	wird hinten im Rachen gebildet
reich	lachen
Küche	Kuchen
rechnen	kochen
Fichte	Dach
Wichtel	Weihnachten
Becher	Sachen
rechts	rauchen
mich	brauchen
Eiche	suchen
weich	wachen

Aufgabe: Welchen Laut hörst du in folgenden Wörtern: ch_1 oder ch_2?

Arbeitsanweisungen:
1. Ich sage das Wort. / 2. Sprich nach und übe am Spiegel! / 3. Überlege genau! / 4. Trage den Buchstaben ein!

Hinweis: Der Mund der Lehrkraft wird mit einem Blatt verdeckt.

	Lehrkraft		Schüler
	ch_1 oder ch_2?		**ch_1 oder ch_2? (Lösungen)**
1.	weich	1.	ch_1
2.	leicht	2.	ch_1
3.	auch	3.	ch_2
4.	noch	4.	ch_2
5.	Eichel	5.	ch_1
6.	Sachen	6.	ch_2
7.	Kuchen	7.	ch_2
8.	Zeichen	8.	ch_1
9.	Licht	9.	ch_1
10.	krachen	10.	ch_2

Phonematische Übung am Spiegel 2

Die Laute ch_2 und r sind sich ähnlich. Kinder mit Wahrnehmungsproblemen können hier Schwierigkeiten haben. Deshalb werden an dieser Stelle nochmals die Unterschiede bei der Lautbildung bewusst gemacht und das Heraushören und Unterscheiden der Laute geübt.

ch_2 (ach-Laut)	R, r
Schnarchlaut, Grunzlaut	Durch normales Ausatmen wird das Zäpfchen in Bewegung gesetzt.
wird hinten im Rachen gebildet	Hals anfassen, Vibration spüren
Luft wird herausgepresst	Vergleich mit Druck auf Klingelknopf
lachen	raten
Kuchen	Karte
kochen	waren
Dach	verloren
Weihnachten	Kur
Sachen	Bar
Rauch	Gurke
suchen	Bär
wachen	Pirat

Aufgabe: Welchen Laut hörst du in folgenden Wörtern: ch_2 oder r?

Arbeitsanweisungen:
1. Ich sage das Wort. / 2. Sprich nach und übe am Spiegel! / 3. Überlege genau! / 4. Trage den Buchstaben ein!

Hinweis: Der Mund der Lehrkraft wird mit einem Blatt verdeckt.

	Lehrkraft		Schüler
	ch_2 oder r?		**ch_2 oder r? (Lösungen)**
1.	fahren	1.	r
2.	Karte	2.	r
3.	Kuchen	3.	ch_2
4.	Dach	4.	ch_2
5.	Ware	5.	r
6.	fauchen	6.	ch_2
7.	Loch	7.	ch_2
8.	Lore	8.	r
9.	Woche	9.	ch_2
10.	Wärme	10.	r

5. Optische Übungen / 6. Taktile / kinästhetische Übungen

(Erläuterungen siehe z. B. auf S. 9)

7. Zungenbrecher und Reimwörter

Zu jedem Laut sollten die Schüler einen Zungenbrecher lernen. Bei den Zungenbrechern und Reimwörtern spielt die Rechtschreibung zunächst keine Rolle. Im Vordergrund steht der Klang, nicht die Schreibweise. Die Lehrkraft muss hierbei immer wieder darauf achten, dass die Kinder deutlich sprechen.

Zungenbrecher
Kinder machen acht Sachen zum Lachen.
Zum Lachen machen Kinder acht Sachen.

Reimwörter
mündlich: Kuchen – suchen – Buchen
schriftlich: Sachen – machen – lachen

8. Schreibübungen

a) Buchstabenverbindung

Die Buchstaben Ch_2, ch_2 mit dickem Fasermaler schreiben, groß beginnen, kleiner werden; zuletzt mit Füller ins Heft oder auf ein Arbeitsblatt schreiben.

b) Übungswörter

Sachen, machen, suchen, lachen, auch, noch, nach, suchen, rauchen, fauchen

Lautgewinnung W, w

1. Einführung

siehe „Erste phonematische Übung“ oder
eine Geschichte mit W-Wörtern ausdenken oder
eine entsprechende Geschichte aus einem „Abc-Buch“ lesen oder
einen Zungenbrecher vorsprechen oder Reimwörter nennen und fragen:

- Welchen Laut hörst du in den meisten Wörtern?
- Welche Wörter mit diesem Laut hast du dir gemerkt?

2. Erste phonematische Übung

Welchen Laut hörst du in allen Wörtern? (Die Lehrkraft spricht vor, die Kinder sprechen nach.)

Wortanfang (WA)	Wortmitte (WM)	Wortende (WE)
was, waren, war, warum, Wahl	Löwe	
wer, wir, Wüste	Möwe	
wo, wohin, weinen, Werner	bewegen	
Wagen, Wald, Ware, Walter	abwiegen	
Wiese, Wiege, wiegen	einweichen	
Wohnung, wohnen, wild	verwöhnen	
Wolf, Wolke, Wut, Weizen		
wenig, Weg, Wedel, Wolfgang		
Wind, Wunsch, wünschen		
Weihnachten, weiß, weich		

Hinweise: Die Tabelle kann ergänzt werden. Berücksichtigen Sie dabei auch – falls möglich – die Namen der Kinder in der Klasse. („Welche Wörter kennt ihr noch?“ Die Kinder ergänzen.)

Eine Besonderheit unserer Sprache ist, dass es keine Wörter mit dem Laut w am Wortende gibt.

3. Phonetische Übung

Hinweis: Die Kinder schauen in ihre Spiegel und benutzen bewusst ihre Sprechwerkzeuge.

Lautbildung
Die oberen Schneidezähne liegen auf der Unterlippe. Die Luft entweicht langsam. Es kribbelt auf der Unterlippe. Das w wird mit Stimme gesprochen. Man sollte w im Wechsel mit f sprechen, um den Unterschied bewusster zu machen.

Lautgebärde
Beide Hände fächeln über die Schulter hinweg nach hinten Luft. „Wind weht weit weg“ wird als Stabreim dazugegeben.

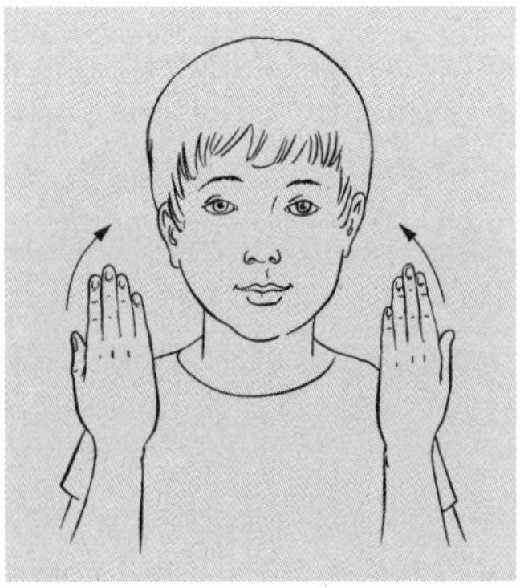

Erste Lese- und Sprechübungen
W wird am Anfang nur mit den Selbstlauten zu einer Silbe verschmolzen. Zuerst wird das w gesprochen, dann wird langsam zu den anderen Lauten übergegangen. Beide Laute werden nacheinander mit der Lautgebärde gezeigt. Die Laute dürfen nicht einzeln und abgehackt gesprochen werden; das Verschmelzen ist ganz besonders wichtig. Zu dieser Übung benutzen wir den Silbenteppich.

	a	e	i	o	u
w	wa	we	wi	wo	wu

4. Die Buchstaben im Viererfenster

Es gibt 4 verschiedene Buchstaben für den Laut w:
das große gedruckte **W**, das kleine gedruckte **w**
das große geschriebene *W*, das kleine geschriebene *w*

W	w
W	*w*

Übungen mit dem Viererfenster
Die Lehrkraft nennt den Laut und die Kinder schreiben einen Buchstaben dazu auf. Welchen Buchstaben die Schüler schreiben sollen, hängt von der jeweiligen Aufgabenstellung ab. Es können nur der große oder nur der kleine oder auch beide Buchstaben, die zu dem Laut gehören, aufgeschrieben werden.

5. Phonematische Übungen

Übung 1: In welchen Wörtern hörst du den Laut w?

Arbeitsanweisungen:
1. Ich sage das Wort. / 2. Sprich nach und übe am Spiegel! / 3. Überlege genau! / 4. Trage den Buchstaben ein!

Übung 2: An welcher Stelle im Wort hörst du den Laut w? (Die Arbeitsanweisungen sind dieselben wie bei Übung 1.)

Hinweise: Beide Übungen werden hintereinander durchgeführt. Während des Sprechens und Hörens schauen die Kinder in ihre Spiegel. Der Mund der Lehrkraft wird mit einem Blatt verdeckt.

Tabelle für die Lehrkraft			Tabelle für das Kind (Lösungen)				
	Übung 1	Übung 2		Übung 1	Übung 2		
	w	**WA, WM, WE**		**Laut: ...**	**WA**	**WM**	**WE**
1.	wo	Wiege	1.	w	w		
2.	wie	Wal	2.	w	w		
3.	Feder	Möwe	3.			w	
4.	Wut	gewesen	4.	w		w	
5.	Faden	Wolf	5.		w		
6.	Seife	Wiese	6.		w		
7.	wohnen	Wüste	7.	w	w		
8.	Werner	Löwe	8.	w		w	
9.	Natur	verwöhnen	9.			w	
10.	Felix	wünschen	10.		w		

Die Lehrkraft wertet die Übungen aus und erfährt so, welches Kind den Laut nicht oder nur ungenau hört.

Wie viele w hörst du in den einzelnen Sätzen?
1. In Europas Wäldern wohnen Wölfe und Füchse. (3)
2. Zu Weihnachten wünscht sich Vater ein weißes Auto. (3)
3. Wind, Wolken und viel Regen soll es heute geben. (2)

Phonematische Übung am Spiegel
Die Laute w und f klingen ähnlich und werden ähnlich gebildet. Kinder mit Wahrnehmungsproblemen können hier Schwierigkeiten haben. Deshalb werden an dieser Stelle nochmals die Unterschiede bei der Lautbildung bewusst gemacht und das Heraushören und Unterscheiden der Laute geübt.

	w	f
gleiches Merkmal:	obere Schneidezähne auf der Unterlippe	
Unterschiede:	Luft entweicht langsam	Luft wird herausgesprengt
	mit Stimme	ohne Stimme
	Vibration spürbar	Vibration nicht spürbar
	Walter	Falter
	Wein	fein
	weich	Feier
	Wache	Fach

Aufgabe: Welchen Laut hörst du in folgenden Wörtern: w oder f?

Arbeitsanweisungen:
1. Ich sage das Wort. / 2. Sprich nach und übe am Spiegel! / 3. Überlege genau! / 4. Trage den Buchstaben ein!

Hinweis: Der Mund der Lehrkraft wird mit einem Blatt verdeckt.

	Lehrkraft		Schüler
	w oder f?		**w oder f? (Lösungen)**
1.	Walter	1.	w
2.	Feier	2.	f
3.	Hof	3.	f
4.	laufen	4.	f
5.	weit	5.	w
6.	Uwe	6.	w
7.	fein	7.	f
8.	Woche	8.	w
9.	fangen	9.	f
10.	Wange	10.	w

6. Optische Übungen / 7. Taktile / kinästhetische Übungen

(Erläuterungen siehe z. B. auf S. 9)

8. Zungenbrecher und Reimwörter

Zu jedem Laut sollten die Schüler einen Zungenbrecher lernen. Bei den Zungenbrechern und Reimwörtern spielt die Rechtschreibung zunächst keine Rolle. Im Vordergrund steht der Klang, nicht die Schreibweise. Die Lehrkraft muss hierbei immer wieder darauf achten, dass die Kinder deutlich sprechen.

Zungenbrecher
Wiener Wäscherinnen waschen weiße Wäsche.
Weiße Wäsche waschen Wiener Wäscherinnen.

Reimwörter
mündlich: waren – fahren, Wiege – Ziege
schriftlich: Wein – sein – fein – Löwe – Möwe

9. Schreibübungen

a) Buchstabe
Die Buchstaben W, w mit dickem Fasermaler schreiben, groß beginnen, kleiner werden; zuletzt mit Füller ins Heft oder auf ein Arbeitsblatt schreiben.

b) Übungswörter
Löwe, Möwe, Lawine, Ware, Weile, weinen, weil, wir, wer, wo, warum, waren, war, Warenhaus

Lautgewinnung Z, z

1. Einführung

siehe „Erste phonematische Übung“ oder
eine Geschichte mit Z-Wörtern ausdenken oder
eine entsprechende Geschichte aus einem „Abc-Buch“ lesen oder
einen Zungenbrecher vorsprechen oder Reimwörter nennen und fragen:

- Welchen Laut hörst du in den meisten Wörtern?
- Welche Wörter mit diesem Laut hast du dir gemerkt?

2. Erste phonematische Übung

Welchen Laut hörst du in allen Wörtern? (Die Lehrkraft spricht vor, die Kinder sprechen nach.)

Wortanfang (WA)	Wortmitte (WM)	Wortende (WE)
Zahl, Zahn	heizen, Heizer	Schutz
Zehe, Zebra	Weizen	Schatz
Ziel, Ziege	Walzer	Pilz, ganz
ziehen	purzeln	März
zeigen	Wurzel	Scherz
zum, zur, zu	tanzen	kurz
Zofe		Sturz
Zaun, Zoo		Salz
Zange		Tanz
Zittau, Zwickau		

Hinweise: Die Tabelle kann ergänzt werden. Berücksichtigen Sie dabei auch – falls möglich – die Namen der Kinder in der Klasse. („Welche Wörter kennt ihr noch?“ Die Kinder ergänzen.)

3. Phonetische Übung

Hinweis: Die Kinder schauen in ihre Spiegel und benutzen bewusst ihre Sprechwerkzeuge.

Lautbildung

Kinder sprechen erst t, dann s. t: Die Zungenspitze stößt nur kurz hinter den oberen Schneidezähnen an und fällt dann herunter zum s.
s: Die Zunge befindet sich hinter den unteren Schneidezähnen. Die Lippen bilden einen Lachmund (breit). Der Luftstrom entweicht durch die Zungenrinne.

Lautgebärde

Der Zeigefinger wird mit der Spitze bis in Augenhöhe hochgeführt und bewegt sich dann in einer Zick-Zack-Bewegung nach unten.

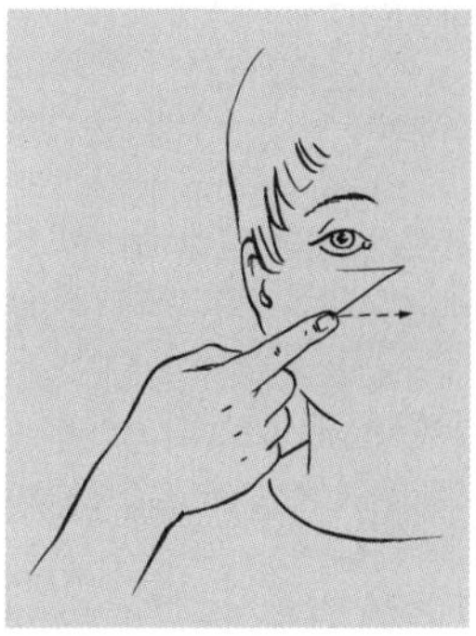

Erste Lese- und Sprechübungen

Z wird am Anfang nur mit den Selbstlauten zu einer Silbe verschmolzen. Zuerst wird das z gesprochen, dann wird langsam zu den anderen Lauten übergegangen. Beide Laute werden nacheinander mit der Lautgebärde gezeigt. Die Laute dürfen nicht einzeln und abgehackt gesprochen werden; das Verschmelzen ist ganz besonders wichtig. Zu dieser Übung benutzen wir den Silbenteppich.

	a	e	i	o	u
z	za	ze	zi	zo	zu

4. Die Buchstaben im Viererfenster

Es gibt 4 verschiedene Buchstaben für den Laut z:
das große gedruckte **Z**, das kleine gedruckte **z**
das große geschriebene *Z*, das kleine geschriebene *z*

Z	z
Z	*z*

Übungen mit dem Viererfenster
Die Lehrkraft nennt den Laut und die Kinder schreiben einen Buchstaben dazu auf. Welchen Buchstaben die Schüler schreiben sollen, hängt von der jeweiligen Aufgabenstellung ab. Es können nur der große oder nur der kleine oder auch beide Buchstaben, die zu dem Laut gehören, aufgeschrieben werden.

5. Phonematische Übungen

Übung 1: In welchen Wörtern hörst du den Laut z?

Arbeitsanweisungen:
1. Ich sage das Wort. / 2. Sprich nach und übe am Spiegel! / 3. Überlege genau! / 4. Trage den Buchstaben ein!

Übung 2: An welcher Stelle im Wort hörst du den Laut z? (Die Arbeitsanweisungen sind dieselben wie bei Übung 1.)

Hinweise: Beide Übungen werden hintereinander durchgeführt. Während des Sprechens und Hörens schauen die Kinder in ihre Spiegel. Der Mund der Lehrkraft wird mit einem Blatt verdeckt.

Tabelle für die Lehrkraft			**Tabelle für das Kind (Lösungen)**				
	Übung 1	Übung 2		Übung 1	Übung 2		
	z	**WA, WM, WE**		**Laut: ...**	**WA**	**WM**	**WE**
1.	Zahn	Ziel	1.	z	z		
2.	Zaun	Zug	2.	z	z		
3.	Saal	Walzer	3.			z	
4.	Zeiger	Ranzen	4.	z		z	
5.	tanken	Pilz	5.				z
6.	Sofa	Zahn	6.		z		
7.	Zebra	Weizen	7.	z		z	
8.	tanzen	Scherz	8.	z			z
9.	pusten	Zeichen	9.		z		
10.	scherzen	Wurzel	10.	z		z	

Die Lehrkraft wertet die Übungen aus und erfährt so, welches Kind den Laut nicht oder nur ungenau hört.

Wie viele z hörst du in den einzelnen Sätzen?
1. Im Zoo waren sieben Ziegen und siebzehn Zebras zu beobachten. (4)
2. Der Heizer zeigt Onkel Heinz die kurze Zange. (5)
3. In der Tanzschule tanzen die Eltern heute den Walzer. (3)

Phonematische Übung am Spiegel
Die Laute s und z (ts) klingen ähnlich: Bei den Sprechübungen brauchen die Kinder etwas mehr Zeit zum selbstständigen Üben. Sie benutzen den Spiegel und müssen beide Laute immer wieder ausprobieren und für sich vergleichen.

z (ts)	s (stimmhaft)
Erst ein t sprechen, Zunge befindet sich hinter den oberen Schneidezähnen und bildet einen Verschluss; Luft wird herausgesprengt, Zunge löst sich. Dann das s sprechen: Zunge befindet sich hinter den unteren Schneidezähnen, Lippen bilden Lachmund, Luft entweicht durch Zungenrinne.	Zunge befindet sich hinter den unteren Schneidezähnen, Lippen bilden Lachmund, Luft entweicht durch Zungenrinne.
Zahl	Saal
zielen	sieben
Zoo	so
Ziegen	siegen
Zauber	sauber
Zofe	Sofa

Aufgabe: Welchen Laut hörst du in folgenden Wörtern: z oder s?

Arbeitsanweisungen:
1. Ich sage das Wort. / 2. Sprich nach und übe am Spiegel! / 3. Überlege genau! / 4. Trage den Buchstaben ein!

Hinweis: Der Mund der Lehrkraft wird mit einem Blatt verdeckt.

	Lehrkraft		Schüler
	z oder s?		**z oder s? (Lösungen)**
1.	Zunge	1.	z
2.	Wurzel	2.	z
3.	Silber	3.	s
4.	Meise	4.	s
5.	pusten	5.	s
6.	Plätzchen	6.	z
7.	Zucker	7.	z
8.	zahlen	8.	z
9.	ziehen	9.	z
10.	Sand	10.	s

6. Optische Übungen / 7. Taktile / kinästhetische Übungen

(Erläuterungen siehe z. B. auf S. 9)

8. Zungenbrecher und Reimwörter

Zu jedem Laut sollten die Schüler einen Zungenbrecher lernen. Bei den Zungenbrechern und Reimwörtern spielt die Rechtschreibung zunächst keine Rolle. Im Vordergrund steht der Klang, nicht die Schreibweise. Die Lehrkraft muss hierbei immer wieder darauf achten, dass die Kinder deutlich sprechen.

Zungenbrecher
Zehn Ziegen zogen zehn Zentner Zucker zum Zittauer Zug.
Zum Zittauer Zug zogen zehn Ziegen zehn Zentner Zucker.

Reimwörter
mündlich: Ziel – Spiel – Kiel, Ziege – Wiege – Liege
schriftlich: Weizen – heizen – reizen, Zeile – Weile – Meile

9. Schreibübungen

a) Buchstabe
Die Buchstaben Z, z mit dickem Fasermaler schreiben, groß beginnen, kleiner werden; zuletzt mit Füller ins Heft oder auf ein Arbeitsblatt schreiben.

b) Übungswörter
Zeichen, Weizen, Zaun, Zofe, Zeile, Heizer, heizen, reizen, zu, zum, zur, Lesezeichen, Eisenzaun

Lautgewinnung P, p

1. Einführung

siehe „Erste phonematische Übung“ oder
eine Geschichte mit P-Wörtern ausdenken oder
eine entsprechende Geschichte aus einem „Abc-Buch“ lesen oder
einen Zungenbrecher vorsprechen oder Reimwörter nennen und fragen:

- Welchen Laut hörst du in den meisten Wörtern?
- Welche Wörter mit diesem Laut hast du dir gemerkt?

2. Erste phonematische Übung

Welchen Laut hörst du in allen Wörtern? (Die Lehrkraft spricht vor, die Kinder sprechen nach.)

Wortanfang (WA)	Wortmitte (WM)	Wortende (WE)
Pate, Paket, Papier*	Opa, Papa*	Lump
Peter, Pit, Pia, Petra	Tapete	Stopp
Pirat, Pilot, poltern	Lupe, Hupe	Sirup
Polen, Polizei, Pokal, Posaune	Raupe	Galopp
Polster, pokern	Lampe	knapp
Pause, Pauke, Paul, Paula	Kumpel	
Pauline, peilen	Kapuze	
piepen*, pusten		
Pumuckel, pudern		
Pute, Pumpe*		

* In diesen Wörtern hört man mehrere p an verschiedenen Stellen im Wort.

Hinweise: Die Tabelle kann ergänzt werden. Berücksichtigen Sie dabei auch – falls möglich – die Namen der Kinder in der Klasse. („Welche Wörter kennt ihr noch?“ Die Kinder ergänzen.)

3. Phonetische Übung

Hinweis: Die Kinder schauen in ihre Spiegel und benutzen bewusst ihre Sprechwerkzeuge.

Lautbildung
P wird an der 1. Sprechstelle (Artikulationsstelle) mit den Lippen gebildet. Die Lippen liegen locker aufeinander und bilden einen Verschluss. Die Luft wird herausgesprengt und der Verschluss wird gelöst. Das p wird ohne Stimme gesprochen. Eine laute Bewegung unterstützt die Verinnerlichung des Lautes (z. B. mit der Faust auf den Tisch hauen).

Hinweise: Beim Sprechen kann eine Feder oder etwas Watte auf den Handrücken gelegt werden. P mit zugehaltenen Ohren sprechen, auch im Wechsel mit b: p – b, p ohne Stimme, b mit Stimme.

Lautgebärde
Die rechte Hand wird leicht zur Faust geschlossen und der Handrücken waagerecht vor den Mund gehalten. Nun spricht das Kind „p“ auf den Handrücken und spürt dabei den Lufthauch.

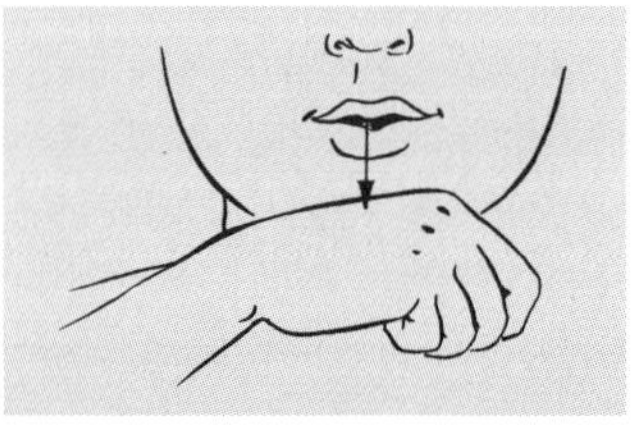

Erste Lese- und Sprechübungen
P wird am Anfang nur mit den Selbstlauten zu einer Silbe verschmolzen. Zuerst wird das p gesprochen, dann wird langsam zu den anderen Lauten übergegangen. Beide Laute werden nacheinander mit der Lautgebärde gezeigt. Die Laute dürfen nicht einzeln und abgehackt gesprochen werden; das Verschmelzen ist ganz besonders wichtig. Zu dieser Übung benutzen wir den Silbenteppich.

	a	e	i	o	u
p	pa	pe	pi	po	pu

4. Die Buchstaben im Viererfenster

Es gibt 4 verschiedene Buchstaben für den Laut p:
das große gedruckte **P**, das kleine gedruckte **p**
das große geschriebene *P*, das kleine geschriebene *p*

P	p
P	*p*

Übungen mit dem Viererfenster
Die Lehrkraft nennt den Laut und die Kinder schreiben einen Buchstaben dazu auf. Welchen Buchstaben die Schüler schreiben sollen, hängt von der jeweiligen Aufgabenstellung ab. Es können nur der große oder nur der kleine oder auch beide Buchstaben, die zu dem Laut gehören, aufgeschrieben werden.

5. Phonematische Übungen

Übung 1: In welchen Wörtern hörst du den Laut p?

Arbeitsanweisungen:
1. Ich sage das Wort. / 2. Sprich nach und übe am Spiegel! / 3. Überlege genau! / 4. Trage den Buchstaben ein!

Übung 2: An welcher Stelle im Wort hörst du den Laut p? (Die Arbeitsanweisungen sind dieselben wie bei Übung 1.)

Hinweise: Beide Übungen werden hintereinander durchgeführt. Während des Sprechens und Hörens schauen die Kinder in ihre Spiegel. Der Mund der Lehrkraft wird mit einem Blatt verdeckt.

Tabelle für die Lehrkraft			Tabelle für das Kind (Lösungen)				
	Übung 1	Übung 2		Übung 1	Übung 2		
	p	WA, WM, WE		Laut: ...	WA	WM	WE
1.	Opa	Peter	1.	p	p		
2.	Paula	Paket	2.	p	p		
3.	Bein	Tapete	3.			p	
4.	Pirat	Sirup	4.	p			p
5.	Polizei	Pause	5.	p	p		
6.	Bohne	Kapuze	6.			p	
7.	Raupe	Raupe	7.	p		p	
8.	Räuber	Pilot	8.		p		
9.	Hupe	Pate	9.	p	p		
10.	Kapuze	Lump	10.	p			p

Die Lehrkraft wertet die Übungen aus und erfährt so, welches Kind den Laut nicht oder nur ungenau hört.

Wie viele p hörst du in den einzelnen Sätzen?
1. Pia und Pit spielen am Pool mit der Taschenlampe. (5)
2. Der Postbote bringt ein super Paket für Paul. (4)
3. Paula und Paul packen das große Paket aus. (4)

6. Optische Übungen / 7. Taktile / kinästhetische Übungen

(Erläuterungen siehe z. B. auf S. 9)

8. Zungenbrecher und Reimwörter

Zu jedem Laut sollten die Schüler einen Zungenbrecher lernen. Bei den Zungenbrechern und Reimwörtern spielt die Rechtschreibung zunächst keine Rolle. Im Vordergrund steht der Klang, nicht die Schreibweise. Die Lehrkraft muss hierbei immer wieder darauf achten, dass die Kinder deutlich sprechen.

Zungenbrecher
Pute Paula planscht in der Pfütze.
In der Pfütze planscht Pute Paula.

Reimwörter
mündlich: Pute – Schnute – Rute
schriftlich: Lupe – Hupe, Lampe – Pampe – Rampe

9. Schreibübungen

a) Buchstabe
Die Buchstaben P, p mit dickem Fasermaler schreiben, groß beginnen, kleiner werden; zuletzt mit Füller ins Heft oder auf ein Arbeitsblatt schreiben.

b) Übungswörter
Papa, Opa, Paula, Paul, Lupe, Hupe, Polizei

Lautgewinnung T, t

1. Einführung

siehe „Erste phonematische Übung“ oder
eine Geschichte mit T-Wörtern ausdenken oder
eine entsprechende Geschichte aus einem „Abc-Buch“ lesen oder
einen Zungenbrecher vorsprechen oder Reimwörter nennen und fragen:

- Welchen Laut hörst du in den meisten Wörtern?
- Welche Wörter mit diesem Laut hast du dir gemerkt?

2. Erste phonematische Übung

Welchen Laut hörst du in allen Wörtern? (Die Lehrkraft spricht vor, die Kinder sprechen nach.)

Wortanfang (WA)	Wortmitte (WM)	Wortende (WE)
Tante*, Tal, Telefon	raten, waten, Kater	rot, Not
Tina, Tinte*, Tüte	Ute, Pute	mit
toben, Tobias, Tor	Leiter, weiter	Wut, Mut, gut, Hut
Teil, Teich	etwas	weit, Zeit
Tau, Taufe	Auto	laut, Haut
teuer	reiten	Monat, Salat
Tür, Tuch	Seite	Paket

* In diesen Wörtern hört man mehrere t an verschiedenen Stellen im Wort.

Hinweise: Die Tabelle kann ergänzt werden. Berücksichtigen Sie dabei auch – falls möglich – die Namen der Kinder in der Klasse. („Welche Wörter kennt ihr noch?“ Die Kinder ergänzen.)

3. Phonetische Übung

Hinweis: Die Kinder schauen in ihre Spiegel und benutzen bewusst ihre Sprechwerkzeuge.

Lautbildung
T wird an der 2. Sprechstelle (Artikulationsstelle) gebildet. Der Mund ist offen. Die Zungenspitze ist hinter der oberen Zahnreihe und bildet einen Verschluss (2. Sprechstelle). Die Luft wird herausgesprengt und der Verschluss löst sich. Das t wird ohne Stimme gesprochen. Man kann den Laut mit einer Bewegung unterstützen (z. B. mit dem Fuß aufstampfen).

Hinweise: Beim Sprechen kann eine Feder oder ein Wattebausch auf den Handrücken gelegt werden. Die Kinder sprechen den Laut t mit zugehaltenen Ohren, auch im Wechsel mit d, t – d – t – d – t – d, t ohne Stimme, d mit Stimme.

Lautgebärde
Die geschlossene Faust wird mit der Daumenseite als „Trompete“ vor den Mund gehalten.

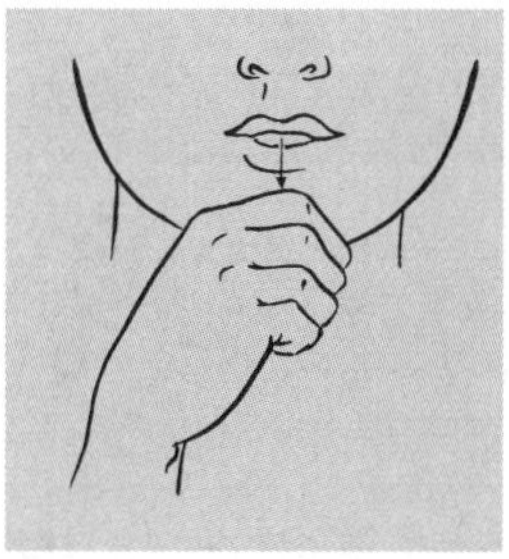

Erste Lese- und Sprechübungen
T wird am Anfang nur mit den Selbstlauten zu einer Silbe verschmolzen. Zuerst wird das t gesprochen, dann wird langsam zu den anderen Lauten übergegangen. Beide Laute werden nacheinander mit der Lautgebärde gezeigt. Die Laute dürfen nicht einzeln und abgehackt gesprochen werden; das Verschmelzen ist ganz besonders wichtig. Zu dieser Übung benutzen wir den Silbenteppich.

	a	e	i	o	u
t	ta	te	ti	to	tu

4. Die Buchstaben im Viererfenster

Es gibt 4 verschiedene Buchstaben für den Laut t:
das große gedruckte **T**, das kleine gedruckte **t**
das große geschriebene *T*, das kleine geschriebene *t*

T	t
T	*t*

Übungen mit dem Viererfenster
Die Lehrkraft nennt den Laut und die Kinder schreiben einen Buchstaben dazu auf. Welchen Buchstaben die Schüler schreiben sollen, hängt von der jeweiligen Aufgabenstellung ab. Es können nur der große oder nur der kleine oder auch beide Buchstaben, die zu dem Laut gehören, aufgeschrieben werden.

5. Phonematische Übungen

Übung 1: In welchen Wörtern hörst du den Laut t?

Arbeitsanweisungen:
1. Ich sage das Wort. / 2. Sprich nach und übe am Spiegel! / 3. Überlege genau! / 4. Trage den Buchstaben ein!

Übung 2: An welcher Stelle im Wort hörst du den Laut t? (Die Arbeitsanweisungen sind dieselben wie bei Übung 1.)

Hinweise: Beide Übungen werden hintereinander durchgeführt. Während des Sprechens und Hörens schauen die Kinder in ihre Spiegel. Der Mund der Lehrkraft wird mit einem Blatt verdeckt.

Tabelle für die Lehrkraft			Tabelle für das Kind (Lösungen)				
	Übung 1	Übung 2		Übung 1	Übung 2		
	t	WA, WM, WE		Laut: …	WA	WM	WE
1.	teilen	Taufe	1.	t	t		
2.	Kapuze	Telefon	2.		t		
3.	Tusche	Pute	3.	t		t	
4.	Kugel	Reiter	4.			t	
5.	Leiter	Mut	5.	t			t
6.	Düse	Zeit	6.				t
7.	Tür	Auto	7.	t		t	
8.	Tobias	Teich	8.	t	t		
9.	Daumen	teuer	9.		t		
10.	Monat	Paket	10.	t			t

Die Lehrkraft wertet die Übungen aus und erfährt so, welches Kind den Laut nicht oder nur ungenau hört.

Wie viele t hörst du in den einzelnen Sätzen?
1. Tamara und Tino trinken gern Eistee. (4)
2. Mit dem Tandem fahren sie zum Theaterteich. (5)
3. Tante Ute will mit Teresa im Teich baden. (5)

6. Optische Übungen / 7. Taktile / kinästhetische Übungen

(Erläuterungen siehe z. B. auf S. 9)

8. Zungenbrecher und Reimwörter

Zu jedem Laut sollten die Schüler einen Zungenbrecher lernen. Bei den Zungenbrechern und Reimwörtern spielt die Rechtschreibung zunächst keine Rolle. Im Vordergrund steht der Klang, nicht die Schreibweise. Die Lehrkraft muss hierbei immer wieder darauf achten, dass die Kinder deutlich sprechen.

Zungenbrecher
Tante Tina tanzt Tango.
Tango tanzt Tante Tina.

Reimwörter
mündlich: Reiter – Leiter
schriftlich: Wut – Mut, Pute – Rute, Zeit – weit

9. Schreibübungen

a) Buchstabe
Die Buchstaben T, t mit dickem Fasermaler schreiben, groß beginnen, kleiner werden; zuletzt mit Füller ins Heft oder auf ein Arbeitsblatt schreiben.

b) Übungswörter
Auto, Tante, Pute, Pate, Telefon, reiten, raten, Pirat, Pilot, Wut, Zeit, laut, weit, rot, Putensalat, Tapete

Lautgewinnung K, k

1. Einführung

siehe „Erste phonematische Übung“ oder
eine Geschichte mit K-Wörtern ausdenken oder
eine entsprechende Geschichte aus einem „Abc-Buch“ lesen oder
einen Zungenbrecher vorsprechen oder Reimwörter nennen und fragen:

- Welchen Laut hörst du in den meisten Wörtern?
- Welche Wörter mit diesem Laut hast du dir gemerkt?

2. Erste phonematische Übung

Welchen Laut hörst du in allen Wörtern? (Die Lehrkraft spricht vor, die Kinder sprechen nach.)

Wortanfang (WA)	Wortmitte (WM)	Wortende (WE)
Kamel, Karawane	Rakete	Lack
Karat, Kamera	Paket	Sack
Kanal, Kante	Bäcker	Leck
Kapuze	Haken	Geck
Kater, Kuckuck*	Laken, Pokal	Bock
Kino, Kilo	Locke	Rock, Stock
Kur, Kuchen, Kunde	Luke	
Kohl, kochen, Koch	pokern	
Keil, kein		
Kaulquappe, Känguru		

* In diesem Wort hört man mehrere k an verschiedenen Stellen im Wort.

Hinweise: Die Tabelle kann ergänzt werden. Berücksichtigen Sie dabei auch – falls möglich – die Namen der Kinder in der Klasse. („Welche Wörter kennt ihr noch?“ Die Kinder ergänzen.)

3. Phonetische Übung

Hinweis: Die Kinder schauen in ihre Spiegel und benutzen bewusst ihre Sprechwerkzeuge.

Lautbildung
Das k wird an der 3. Sprechstelle (Artikulationsstelle) am Gaumen gebildet. Der Mund ist offen und die Zunge befindet sich oben am Gaumen. Die Zungenränder werden an die Backenzähne gepresst. Es entsteht ein Verschluss. Die Luft wird herausgepresst und der Verschluss löst sich. Das k wird ohne Stimme gebildet und mit einer Bewegung unterstützt (z. B. beim Einatmen Ellbogen hochreißen und mit einem Ruck herunterziehen).

Hinweise: Beim Sprechen kann eine Feder auf den Handrücken gelegt werden; k mit zugehaltenen Ohren sprechen, auch im Wechsel mit g; k ohne Stimme, g mit Stimme.

Lautgebärde
Beide Hände werden zur Faust geschlossen. Mit den Fingerknöcheln schlägt man leicht aneinander.

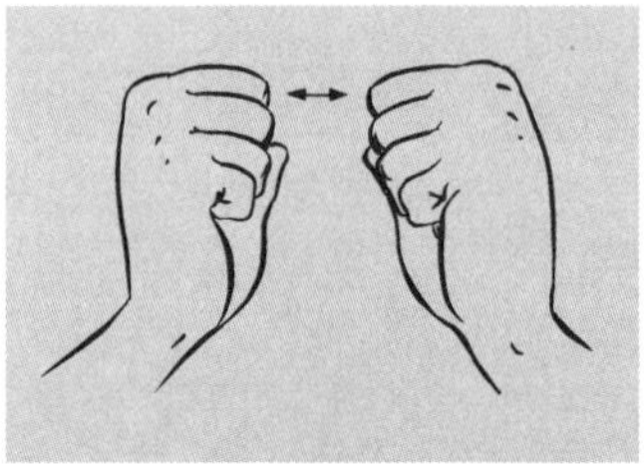

Erste Lese- und Sprechübungen
K wird am Anfang nur mit den Selbstlauten zu einer Silbe verschmolzen. Zuerst wird das k gesprochen, dann wird langsam zu den anderen Lauten übergegangen. Beide Laute werden nacheinander mit der Lautgebärde gezeigt. Die Laute dürfen nicht einzeln und abgehackt gesprochen werden; das Verschmelzen ist ganz besonders wichtig. Zu dieser Übung benutzen wir den Silbenteppich.

	a	e	i	o	u
k	ka	ke	ki	ko	ku

4. Die Buchstaben im Viererfenster

Es gibt 4 verschiedene Buchstaben für den Laut k:
das große gedruckte **K**, das kleine gedruckte **k**
das große geschriebene K, das kleine geschriebene k

K	k
K	k

Übungen mit dem Viererfenster
Die Lehrkraft nennt den Laut und die Kinder schreiben einen Buchstaben dazu auf. Welchen Buchstaben die Schüler schreiben sollen, hängt von der jeweiligen Aufgabenstellung ab. Es können nur der große oder nur der kleine oder auch beide Buchstaben, die zu dem Laut gehören, aufgeschrieben werden.

5. Phonematische Übungen

Übung 1: In welchen Wörtern hörst du den Laut k?

Arbeitsanweisungen:
1. Ich sage das Wort. / 2. Sprich nach und übe am Spiegel! / 3. Überlege genau! / 4. Trage den Buchstaben ein!

Übung 2: An welcher Stelle im Wort hörst du den Laut k? (Die Arbeitsanweisungen sind dieselben wie bei Übung 1.)

Hinweise: Beide Übungen werden hintereinander durchgeführt. Während des Sprechens und Hörens schauen die Kinder in ihre Spiegel. Der Mund der Lehrkraft wird mit einem Blatt verdeckt.

Tabelle für die Lehrkraft			**Tabelle für das Kind (Lösungen)**				
	Übung 1	Übung 2		Übung 1	Übung 2		
	k	**WA, WM, WE**		**Laut: ...**	**WA**	**WM**	**WE**
1.	Kino	Kamel	1.	k	k		
2.	Kohl	Pokal	2.	k		k	
3.	Tapete	Sack	3.				k
4.	Rakete	Haken	4.	k		k	
5.	Pilot	Kater	5.		k		
6.	Geige	Lack	6.				k
7.	Gauner	Paket	7.			k	
8.	Laken	Karawane	8.	k	k		
9.	Sack	Kauz	9.	k	k		
10.	Leck	Luke	10.	k		k	

Die Lehrkraft wertet die Übungen aus und erfährt so, welches Kind den Laut nicht oder nur ungenau hört.

Wie viele k hörst du in den einzelnen Sätzen?
1. Katrin kriecht gern in der Villa Kunterbunt herum. (3)
2. Kurt und Kerstin kosten die Kirschspeise. (4)
3. Konstantin kauft sich Kirschkuchen und Kekse. (6)

6. Optische Übungen / 7. Taktile / kinästhetische Übungen

(Erläuterungen siehe z. B. auf S. 9)

8. Zungenbrecher und Reimwörter

Zu jedem Laut sollten die Schüler einen Zungenbrecher lernen. Bei den Zungenbrechern und Reimwörtern spielt die Rechtschreibung zunächst keine Rolle. Im Vordergrund steht der Klang, nicht die Schreibweise. Die Lehrkraft muss hierbei immer wieder darauf achten, dass die Kinder deutlich sprechen.

Zungenbrecher
Kati kauft kleine Kiwis.
Kleine Kiwis kauft Kati.

Reimwörter
schriftlich: Kuli – Muli, Kino – Tino, kaufen – laufen, Haken – Laken, Keil – Beil – Seil

9. Schreibübungen

a) Buchstabe
Die Buchstaben K, k mit dickem Fasermaler schreiben, groß beginnen, kleiner werden; zuletzt mit Füller ins Heft oder auf ein Arbeitsblatt schreiben.

b) Übungswörter
Kater, Kuli, Kino, Kamel, Haken, Kuchen, Kamera, Keil, kaufen, kein

Lautgewinnung B, b

1. Einführung

siehe „Erste phonematische Übung“ oder
eine Geschichte mit B-Wörtern ausdenken oder
eine entsprechende Geschichte aus einem „Abc-Buch“ lesen oder
einen Zungenbrecher vorsprechen oder Reimwörter nennen und fragen:

- Welchen Laut hörst du in den meisten Wörtern?
- Welche Wörter mit diesem Laut hast du dir gemerkt?

2. Erste phonematische Übung

Welchen Laut hörst du in allen Wörtern? (Die Lehrkraft spricht vor, die Kinder sprechen nach.)

Wortanfang (WA)	Wortmitte (WM)	Wortende (WE)
baden, Bad, Bahn	haben, Nabel,	
Beet, beben*, beten	Nebel, heben, Hebel,	
Biene, Bier, Biber*	lieben	
Boot, Bodo, Boden, bohren	loben, Hobel	
Bube*, Bude	Jubel, Rubel	
Baum, Bauer, bauen	Zauber, sauber, Laube	
Bein, Beil		
Beule, Beute		
Bär		
böse, beide		

* In diesen Wörtern hört man mehrere b an verschiedenen Stellen im Wort.

Hinweise: Die Tabelle kann ergänzt werden. Berücksichtigen Sie dabei auch – falls möglich – die Namen der Kinder in der Klasse. („Welche Wörter kennt ihr noch?“ Die Kinder ergänzen.)

Es ist eine Besonderheit der deutschen Sprache, dass es keine Wörter gibt, bei denen man am Wortende ein b hört. Dass es Wörter gibt, die am Wortende mit b geschrieben werden, wissen nur die Erwachsenen. Die Kinder lernen diese Wörter erst später in Verbindung mit den Regeln kennen.

3. Phonetische Übung

Hinweis: Die Kinder schauen in ihre Spiegel und benutzen bewusst ihre Sprechwerkzeuge.

Lautbildung
B wird an der 1. Sprechstelle (Artikulationsstelle) gebildet. Die Lippen liegen locker aufeinander und bilden einen Verschluss. Die Luft entweicht langsam, der Verschluss wird gelöst. Das b wird mit Stimme gesprochen. B mit zugehaltenen Ohren sprechen, auch im Wechsel mit p: b – p; b mit Stimme, p ohne Stimme (siehe Arbeitsblatt „Freunde“ auf S. 120).

Lautgebärde
Der Zeigefinger wird über die geschlossenen Lippen gelegt. Er bewegt sich von den Lippen weg, wenn sie sich öffnen. Damit soll der Ort der Lautbildung bewusst gemacht werden.

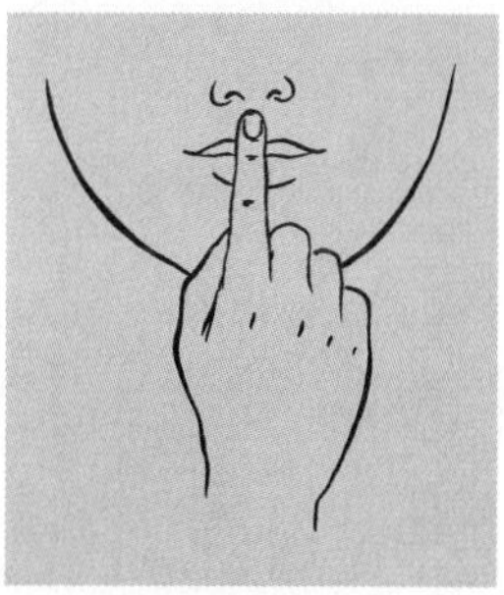

Erste Lese- und Sprechübungen
B wird am Anfang nur mit den Selbstlauten zu einer Silbe verschmolzen. Zuerst wird das b gesprochen, dann wird langsam zu den anderen Lauten übergegangen. Beide Laute werden nacheinander mit der Lautgebärde gezeigt. Die Laute dürfen nicht einzeln und abgehackt gesprochen werden; das Verschmelzen ist ganz besonders wichtig. Zu dieser Übung benutzen wir den Silbenteppich.

	a	e	i	o	u
b	ba	be	bi	bo	bu

4. Die Buchstaben im Viererfenster

Es gibt 4 verschiedene Buchstaben für den Laut b:
das große gedruckte **B**, das kleine gedruckte **b**
das große geschriebene *B*, das kleine geschriebene *b*

B	b
B	*b*

Übungen mit dem Viererfenster
Die Lehrkraft nennt den Laut und die Kinder schreiben einen Buchstaben dazu auf. Welchen Buchstaben die Schüler schreiben sollen, hängt von der jeweiligen Aufgabenstellung ab. Es können nur der große oder nur der kleine oder auch beide Buchstaben, die zu dem Laut gehören, aufgeschrieben werden.

5. Phonematische Übungen

Übung 1: In welchen Wörtern hörst du den Laut b?

Arbeitsanweisungen:
1. Ich sage das Wort. / 2. Sprich nach und übe am Spiegel! / 3. Überlege genau! / 4. Trage den Buchstaben ein!

Übung 2: An welcher Stelle im Wort hörst du den Laut b? (Die Arbeitsanweisungen sind dieselben wie bei Übung 1.)

Hinweise: Beide Übungen werden hintereinander durchgeführt. Während des Sprechens und Hörens schauen die Kinder in ihre Spiegel. Der Mund der Lehrkraft wird mit einem Blatt verdeckt.

Tabelle für die Lehrkraft			**Tabelle für das Kind (Lösungen)**				
	Übung 1	Übung 2		Übung 1	Übung 2		
	b	**WA, WM, WE**		**Laut: ...**	**WA**	**WM**	**WE**
1.	Bahn	baden	1.	b	b		
2.	Bude	bohren	2.	b	b		
3.	Pute	leben	3.			b	
4.	Bodo	zaubern	4.	b		b	
5.	Peter	Bär	5.		b		
6.	Beet	Räuber	6.	b		b	
7.	rauben	Kübel	7.	b		b	
8.	Raupe	Bein	8.		b		
9.	Düse	Beute	9.		b		
10.	Bube	reiben	10.	b		b	

Die Lehrkraft wertet die Übungen aus und erfährt so, welches Kind den Laut nicht oder nur ungenau hört.

Wie viele b hörst du in den einzelnen Sätzen?
1. Bäckermeister Bär backt braune Brötchen. (5)
2. Bauer Rumpel erntet bei Bautzen die Erdbeeren. (4)
3. Der Bürgermeister von Bienenhain heißt Besenweber. (4)

Phonematische Übung am Spiegel
B und p sind Freunde. Sie klingen ähnlich und werden ähnlich gebildet.

	b	p
gleiches Merkmal:	Beide werden an der ersten Artikulationsstelle mit den Lippen gebildet.	
Unterschiede:	b-Luft entweicht langsam	p-Luft wird herausgepresst
	mit Stimme	ohne Stimme

Aufgabe: Welchen Laut hörst du in folgenden Wörtern: b oder p?

Arbeitsanweisungen:
1. Ich sage das Wort. / 2. Sprich nach und übe am Spiegel! / 3. Überlege genau! / 4. Trage den Buchstaben ein!

Hinweis: Der Mund der Lehrkraft wird mit einem Blatt verdeckt.

	Lehrkraft		Schüler
	b oder p?		**b oder p? (Lösungen)**
1.	Beet	1.	b
2.	Peter	2.	p
3.	Biber	3.	b, b
4.	piepen	4.	p, p
5.	Pate	5.	p
6.	Bad	6.	b
7.	Jubel	7.	b
8.	Lupe	8.	p
9.	Pute	9.	p
10.	Bube	10.	b, b

6. Optische Übungen / 7. Taktile / kinästhetische Übungen

(Erläuterungen siehe z. B. auf S. 9)

8. Zungenbrecher und Reimwörter

Zu jedem Laut sollten die Schüler einen Zungenbrecher lernen. Bei den Zungenbrechern und Reimwörtern spielt die Rechtschreibung zunächst keine Rolle. Im Vordergrund steht der Klang, nicht die Schreibweise. Die Lehrkraft muss hierbei immer wieder darauf achten, dass die Kinder deutlich sprechen.

Zungenbrecher
Bäcker Bär bei Bautzen backt braune Brötchen.
Braune Brötchen backt Bäcker Bär bei Bautzen.

Reimwörter
schriftlich: bauen – schauen – kauen, Bauer – Mauer – Schauer – Lauer, haben – schaben, Raben – Gaben, Baum – Raum – kaum

9. Schreibübungen

a) Buchstabe
Die Buchstaben B, b mit dickem Fasermaler schreiben, groß beginnen, kleiner werden; zuletzt mit Füller ins Heft oder auf ein Arbeitsblatt schreiben.

b) Übungswörter
Banane, Baum, Buch, Besen, Bus, Taube, bauen, sauber, haben, oben, neben, bunt, bei, bin, bis

Lautgewinnung G, g

1. Einführung

siehe „Erste phonematische Übung“ oder
eine Geschichte mit G-Wörtern ausdenken oder
eine entsprechende Geschichte aus einem „Abc-Buch“ lesen oder
einen Zungenbrecher vorsprechen oder Reimwörter nennen und fragen:

- Welchen Laut hörst du in den meisten Wörtern?
- Welche Wörter mit diesem Laut hast du dir gemerkt?

2. Erste phonematische Übung

Welchen Laut hörst du in allen Wörtern? (Die Lehrkraft spricht vor, die Kinder sprechen nach.)

Wortanfang (WA)	Wortmitte (WM)	Wortende (WE)
Gabi, Garten, Gabel	Nagel, Wagen	
geben, gehen	Regen, Kegel, Regel	
Gustav, gut, Gurke	Bogen	
Gaumen, Gaul	Igel, Wiege	
Geige*	Riegel, liegen	
Güte	sagen, legen	
geben	saugen, Säugetier	
gießen	Reigen, zeigen, Zeiger	

* In diesem Wort hört man mehrere g an verschiedenen Stellen im Wort.

Hinweise: Die Tabelle kann ergänzt werden. Berücksichtigen Sie dabei auch – falls möglich – die Namen der Kinder in der Klasse. („Welche Wörter kennt ihr noch?“ Die Kinder ergänzen.)

Es ist eine Besonderheit der deutschen Sprache, dass es keine Wörter gibt, bei denen man am Wortende ein g hört. Dass es Wörter gibt, die am Wortende mit g geschrieben werden, wissen nur die Erwachsenen. Die Kinder lernen diese Wörter erst später in Verbindung mit den Regeln kennen.

3. Phonetische Übung

Lautbildung

G wird an der 3. Sprechstelle (Artikulationsstelle) am Gaumen gebildet. Der Mund ist offen. Die Zunge wird zu einem Buckel geformt und bildet am Gaumen einen Verschluss. Die Luft entweicht langsam und sanft, der Verschluss wird gelöst. Das g spricht man mit Stimme. G mit zugehaltenen Ohren sprechen, auch im Wechsel mit k: g – k, g mit Stimme, k ohne Stimme (siehe Arbeitsblatt „Freunde“ auf S. 120).

Lautgebärde

Daumen und Zeigefinger bewegen sich bei sonst geschlossener Faust wie ein „Gänseschnabel“.

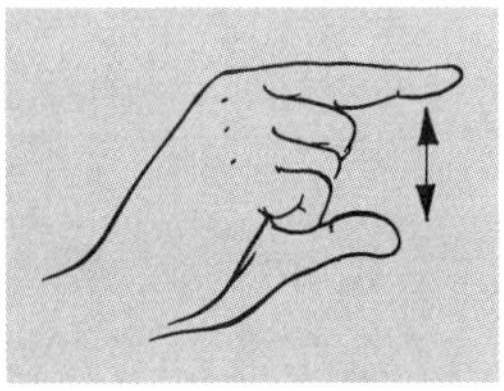

Erste Lese- und Sprechübungen
G wird am Anfang nur mit den Selbstlauten zu einer Silbe verschmolzen. Zuerst wird das g gesprochen, dann wird langsam zu den anderen Lauten übergegangen. Beide Laute werden nacheinander mit der Lautgebärde gezeigt. Die Laute dürfen nicht einzeln und abgehackt gesprochen werden; das Verschmelzen ist ganz besonders wichtig. Zu dieser Übung benutzen wir den Silbenteppich.

	a	e	i	o	u
g	ga	ge	gi	go	gu

4. Die Buchstaben im Viererfenster

Es gibt 4 verschiedene Buchstaben für den Laut g:
das große gedruckte **G**, das kleine gedruckte **g**
das große geschriebene *G*, das kleine geschriebene *g*

G	g
G	*g*

Übungen mit dem Viererfenster
Die Lehrkraft nennt den Laut und die Kinder schreiben einen Buchstaben dazu auf. Welchen Buchstaben die Schüler schreiben sollen, hängt von der jeweiligen Aufgabenstellung ab. Es können nur der große oder nur der kleine oder auch beide Buchstaben, die zu dem Laut gehören, aufgeschrieben werden.

5. Phonematische Übungen

Übung 1: In welchen Wörtern hörst du den Laut g?

Arbeitsanweisungen:
1. Ich sage das Wort. / 2. Sprich nach und übe am Spiegel! / 3. Überlege genau! / 4. Trage den Buchstaben ein!

Übung 2: An welcher Stelle im Wort hörst du den Laut g? (Die Arbeitsanweisungen sind dieselben wie bei Übung 1.)

Hinweise: Beide Übungen werden hintereinander durchgeführt. Während des Sprechens und Hörens schauen die Kinder in ihre Spiegel. Der Mund der Lehrkraft wird mit einem Blatt verdeckt.

Tabelle für die Lehrkraft			**Tabelle für das Kind (Lösungen)**				
	Übung 1	Übung 2		Übung 1	Übung 2		
	g	**WA, WM, WE**		**Laut: ...**	**WA**	**WM**	**WE**
1.	Gabel	geben	1.	g	g		
2.	legen	Garten	2.	g	g		
3.	saugen	Lüge	3.	g		g	
4.	Kabel	Kugel	4.			g	
5.	Riegel	Bogen	5.	g		g	
6.	Sack	gießen	6.		g		
7.	Nadel	gut	7.		g		
8.	Nagel	Magen	8.	g		g	
9.	baden	Gabi	9.		g		
10.	Bügel	Igel	10.	g		g	

Die Lehrkraft wertet die Übungen aus und erfährt so, welches Kind den Laut nicht oder nur ungenau hört.

Wie viele g hörst du in den einzelnen Sätzen?
1. Im Garten reifen grüne Gurken. (3)
2. Gärtner Gerber erntet kleine gelbe Paprikaschoten. (3)
3. Im Garten gibt es auch noch ganz anderes Gemüse. (4)

Phonematische Übung am Spiegel
K und g sind Freunde. Sie klingen ähnlich und werden ähnlich gebildet.

	g	**k**
gleiches Merkmal:	Beide werden an der 3. Sprechstelle (Artikulationsstelle) am Gaumen gebildet.	
Unterschiede:	g-Luft entweicht langsam	k-Luft wird herausgepresst
	mit Stimme	ohne Stimme

Aufgabe: Welchen Laut hörst du in folgenden Wörtern: g oder k?

Arbeitsanweisungen:
1. Ich sage das Wort. / 2. Sprich nach und übe am Spiegel! / 3. Überlege genau! / 4. Trage den Buchstaben ein!

	Lehrkraft		Schüler
	g oder k?		**g oder k? (Lösungen)**
1.	Karte	1.	k
2.	Garten	2.	g
3.	legen	3.	g
4.	lecken	4.	k
5.	Bogen	5.	g
6.	Hocker	6.	k
7.	Zecke	7.	k
8.	Zeiger	8.	g
9.	kehren	9.	k
10.	geben	10.	g

6. Optische Übungen / 7. Taktile / kinästhetische Übungen

(Erläuterungen siehe z. B. auf S. 9)

8. Zungenbrecher und Reimwörter

Zu jedem Laut sollten die Schüler einen Zungenbrecher lernen. Bei den Zungenbrechern und Reimwörtern spielt die Rechtschreibung zunächst keine Rolle. Im Vordergrund steht der Klang, nicht die Schreibweise. Die Lehrkraft muss hierbei immer wieder darauf achten, dass die Kinder deutlich sprechen.

Zungenbrecher
Gustav Gogel hat gestern grüne Gurken gegessen.
Grüne Gurken hat Gustav Gogel gestern gegessen.

Reimwörter
schriftlich: Geige – Feige, Gaumen – Daumen, geben – leben – heben – neben, Wagen – Magen

9. Schreibübungen

a) Buchstabe
Die Buchstaben G, g mit dickem Fasermaler schreiben, groß beginnen, kleiner werden; zuletzt mit Füller ins Heft oder auf ein Arbeitsblatt schreiben.

b) Übungswörter
Geige, Gaumen, Regen, Zeiger, Wagen, Papagei, legen, sagen, zeigen, geben, gut, gern, Geigenbogen, Regenkapuze, Lagerhaus

Lautgewinnung D, d

1. Einführung

siehe „Erste phonematische Übung" oder
eine Geschichte mit D-Wörtern ausdenken oder
eine entsprechende Geschichte aus einem „Abc-Buch" lesen oder
einen Zungenbrecher vorsprechen oder Reimwörter nennen und fragen:

- Welchen Laut hörst du in den meisten Wörtern?
- Welche Wörter mit diesem Laut hast du dir gemerkt?

2. Erste phonematische Übung

Welchen Laut hörst du in allen Wörtern? (Die Lehrkraft spricht vor, die Kinder sprechen nach.)

Wortanfang (WA)	Wortmitte (WM)	Wortende (WE)
Dame, Dana, Daniel, dabei	Laden, Wade, Faden, Ader	
Dehnung	Nudel	
Diener, Dieb, Diele, Dieter	Nadel, Radau	
Dose, Dora	Schaden	
Dusche, du	baden, beide	
Daumen	Leder, Rede	
Dörte, Domino	Feder	
Deich, dein	reden	
Dübel, Düse	einladen	
dir	Weide, Seide	

Hinweise: Die Tabelle kann ergänzt werden. Berücksichtigen Sie dabei auch – falls möglich – die Namen der Kinder in der Klasse. („Welche Wörter kennt ihr noch?" Die Kinder ergänzen.)

Es ist eine Besonderheit der deutschen Sprache, dass es keine Wörter gibt, bei denen man am Wortende ein d hört. Dass es Wörter gibt, die am Wortende mit d geschrieben werden, wissen nur die Erwachsenen. Die Kinder lernen diese Wörter erst später in Verbindung mit den Regeln kennen.

3. Phonetische Übung

Lautbildung

D wird an der 2. Sprechstelle (Artikulationsstelle) gebildet. Die Zungenspitze liegt hinter den oberen Schneidezähnen am Gaumen und bildet einen Verschluss. Die Luft entweicht langsam, sanft und der Verschluss wird gelöst. Das d wird mit Stimme gesprochen. D mit zugehaltenen Ohren sprechen, auch im Wechsel mit t: d – t, d mit Stimme, t ohne Stimme (siehe Arbeitsblatt „Freunde" auf S. 120).

Lautgebärde

„Daumen drücken". Beide Daumen werden bei geschlossener Faust gegeneinandergedrückt.

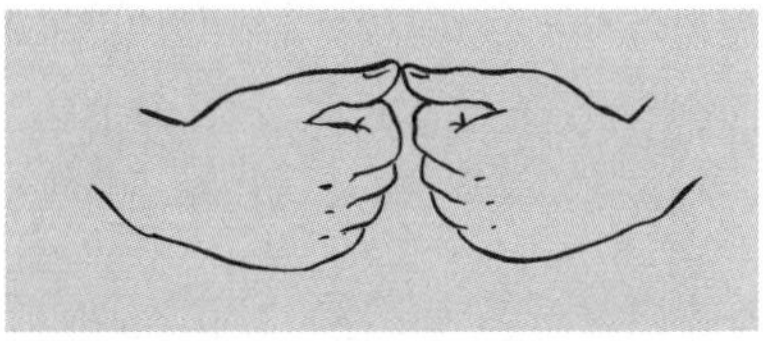

Erste Lese- und Sprechübungen

D wird am Anfang nur mit den Selbstlauten zu einer Silbe verschmolzen. Zuerst wird das d gesprochen, dann wird langsam zu den anderen Lauten übergegangen. Beide Laute werden nacheinander mit der Lautgebärde gezeigt. Die Laute dürfen nicht einzeln und abgehackt gesprochen werden; das Verschmelzen ist ganz besonders wichtig. Zu dieser Übung benutzen wir den Silbenteppich.

	a	e	i	o	u
d	da	de	di	do	du

4. Die Buchstaben im Viererfenster

Es gibt 4 verschiedene Buchstaben für den Laut d:
das große gedruckte **D**, das kleine gedruckte **d**
das große geschriebene *D*, das kleine geschriebene *d*

D	d
D	*d*

Übungen mit dem Viererfenster
Die Lehrkraft nennt den Laut und die Kinder schreiben einen Buchstaben dazu auf. Welchen Buchstaben die Schüler schreiben sollen, hängt von der jeweiligen Aufgabenstellung ab. Es können nur der große oder nur der kleine oder auch beide Buchstaben, die zu dem Laut gehören, aufgeschrieben werden.

5. Phonematische Übungen

Übung 1: In welchen Wörtern hörst du den Laut d?

Arbeitsanweisungen:
1. Ich sage das Wort. / 2. Sprich nach und übe am Spiegel! / 3. Überlege genau! / 4. Trage den Buchstaben ein!

Übung 2: An welcher Stelle im Wort hörst du den Laut d? (Die Arbeitsanweisungen sind dieselben wie bei Übung 1.)

Hinweise: Beide Übungen werden hintereinander durchgeführt. Während des Sprechens und Hörens schauen die Kinder in ihre Spiegel. Der Mund der Lehrkraft wird mit einem Blatt verdeckt.

Tabelle für die Lehrkraft			Tabelle für das Kind (Lösungen)				
	Übung 1	Übung 2		Übung 1	Übung 2		
	d	**WA, WM, WE**		**Laut: …**	**WA**	**WM**	**WE**
1.	Dusche	Dame	1.	d	d		
2.	Dieb	baden	2.	d		d	
3.	Tier	Weide	3.			d	
4.	Tusche	Düse	4.		d		
5.	Feder	Daumen	5.	d	d		
6.	Leber	Nadel	6.			d	
7.	Leder	reden	7.	d		d	
8.	Nudel	Dusche	8.	d	d		
9.	Nabel	Dose	9.		d		
10.	Laden	Radau	10.	d		d	

Die Lehrkraft wertet die Übungen aus und erfährt so, welches Kind den Laut nicht oder nur ungenau hört.

Wie viele d hörst du in den einzelnen Sätzen?
1. Heute besuchte der dicke Doktor unsere Hunde. (4)
2. Die Hündin Dolly hat drei Junge bekommen. (4)
3. Alle Dackel sind gesunde liebe Hunde. (3) (Das d in „sind" klingt wie t.)

Phonematische Übung am Spiegel
D und t sind Freunde. Sie klingen ähnlich und werden ähnlich gebildet.

	d	t
gleiches Merkmal:	Beide werden an der 2. Sprechstelle hinter der oberen Zahnreihe gebildet.	
Unterschiede:	Die Luft entweicht langsam, sanft und der Verschluss wird gelöst.	Die Luft wird herausgesprengt und der Verschluss löst sich.
	mit Stimme	ohne Stimme

Aufgabe: Welchen Laut hörst du in folgenden Wörtern: d oder t?

Arbeitsanweisungen:
1. Ich sage das Wort. / 2. Sprich nach und übe am Spiegel! / 3. Überlege genau! / 4. Trage den Buchstaben ein!

	Lehrkraft		Schüler
	d oder t?		**d oder t? (Lösungen)**
1.	Diener	1.	d
2.	Tina	2.	t
3.	Tusche	3.	t
4.	Dusche	4.	d
5.	leider	5.	d
6.	Leiter	6.	t
7.	reden	7.	d
8.	retten	8.	t
9.	Schaden	9.	d
10.	Schatten	10.	t

6. Optische Übungen / 7. Taktile / kinästhetische Übungen

(Erläuterungen siehe z. B. auf S. 9)

8. Zungenbrecher und Reimwörter

Zu jedem Laut sollten die Schüler einen Zungenbrecher lernen. Bei den Zungenbrechern und Reimwörtern spielt die Rechtschreibung zunächst keine Rolle. Im Vordergrund steht der Klang, nicht die Schreibweise. Die Lehrkraft muss hierbei immer wieder darauf achten, dass die Kinder deutlich sprechen.

Zungenbrecher
Der dudeldicke Dorfdiener trug die dudeldicke Dorfdame durch den dudeldicken Dorfdreck.

Reimwörter
schriftlich: Dino – Kino, Dose – Hose – Rose, Leder – Feder, Weide – Seide

9. Schreibübungen

a) Buchstabe
Die Buchstaben D, d mit dickem Fasermaler schreiben, groß beginnen, kleiner werden; zuletzt mit Füller ins Heft oder auf ein Arbeitsblatt schreiben.

b) Übungswörter
Dame, Dose, Daumen, Dino, Leder, Seide, Faden, reden, du, dir, dein(e, en), Domino, Seidenraupe, Lederhose, Limonade

Lautgewinnung Ä, ä

1. Einführung

siehe „Erste phonematische Übung" oder
eine Geschichte mit Ä-Wörtern ausdenken oder
einen Zungenbrecher vorsprechen oder Reimwörter nennen und fragen:
- Welchen Laut hörst du in den meisten Wörtern?
- Welche Wörter mit diesem Laut hast du dir gemerkt?

2. Erste phonematische Übung

Welchen Laut hörst du in allen Wörtern? (Die Lehrkraft spricht vor, die Kinder sprechen nach.)

Wortanfang (WA)	Wortmitte (WM)	Wortende (WE)
Ähre	Käse, Mädel, mähen	
ähnlich	Mädchen, Märchen	
Äpfel	Säge, sägen, ernähren	
Äffchen	Bär, Räder, Pärchen	
	Bäder, Bäcker, Käfer	
	Häfen, Jäger	
	Rätsel	
	Fäden, Läden, Lärche	
	Gräten, Geräte	

Es gibt im Deutschen nur sehr wenige Wörter mit ä am Wortende.

Hinweise: Die Tabelle kann ergänzt werden. Berücksichtigen Sie dabei auch – falls möglich – die Namen der Kinder in der Klasse. („Welche Wörter kennt ihr noch?" Die Kinder ergänzen.)

3. Phonetische Übung

Hinweis: Die Kinder schauen in ihre Spiegel und benutzen bewusst ihre Sprechwerkzeuge.

Lautbildung
Der Mund ist weit geöffnet, die Lippen bilden eine Rundung wie bei a. Die Zunge liegt flach im Mund und ist leicht angespannt. Der hintere Zungenteil geht leicht nach oben. Es entsteht der andere Laut ä.

Lautgebärde
Die Gebärde für a wird gezeigt. Dann lässt man dazu beide kleinen Finger zappeln. Kinder mit motorischen Schwierigkeiten dürfen alle Finger zappeln lassen. Das Zappeln soll an die ä-Strichelchen erinnern.

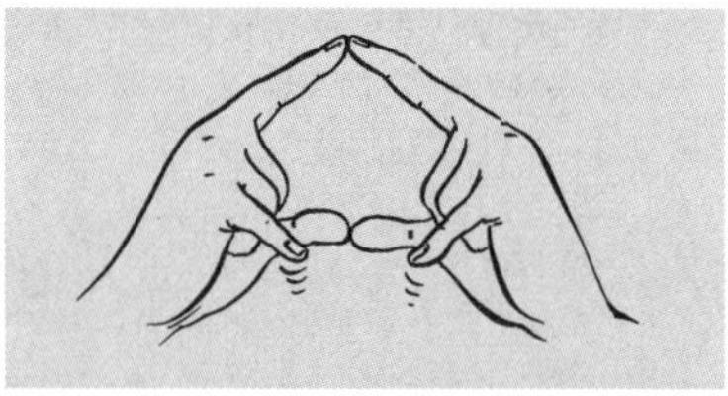

4. Die Buchstaben im Viererfenster

Es gibt 4 verschiedene Buchstaben für den Laut ä:
das große gedruckte **Ä**, das kleine gedruckte **ä**
das große geschriebene *Ä*, das kleine geschriebene *ä*

Ä	ä
Ä	*ä*

Übungen mit dem Viererfenster
Die Lehrkraft nennt den Laut und die Kinder schreiben einen Buchstaben dazu auf. Welchen Buchstaben die Schüler schreiben sollen, hängt von der jeweiligen Aufgabenstellung ab. Es können nur der große oder nur der kleine oder auch beide Buchstaben, die zu dem Laut gehören, aufgeschrieben werden. Zudem führt die Lehrkraft den Begriff „Umlaut" ein.

5. Phonematische Übungen

Übung 1: In welchen Wörtern hörst du den Laut ä?

Arbeitsanweisungen:
1. Ich sage das Wort. / 2. Sprich nach und übe am Spiegel! / 3. Überlege genau! / 4. Trage den Buchstaben ein!

Übung 2: An welcher Stelle im Wort hörst du den Laut ä? (Die Arbeitsanweisungen sind dieselben wie bei Übung 1.)

Hinweise: Beide Übungen werden hintereinander durchgeführt. Während des Sprechens und Hörens schauen die Kinder in ihre Spiegel. Der Mund der Lehrkraft wird mit einem Blatt verdeckt.

Tabelle für die Lehrkraft			Tabelle für das Kind (Lösungen)				
	Übung 1	Übung 2		Übung 1		Übung 2	
	ä	WA, WM		Laut: ...	WA	WM	WE
1.	ähnlich	ähnlich	1.	ä	ä		
2.	Käse	Ähre	2.	ä	ä		
3.	Eber	Käfer	3.			ä	
4.	legen	Bär	4.			ä	
5.	Öse	Märchen	5.			ä	
6.	Bär	zäh*	6.	ä			ä
7.	Mädel	Säge	7.	ä		ä	
8.	Peter	Väter	8.			ä	
9.	Bäder	Äpfel	9.	ä	ä		
10.	Käfer	Käse	10.	ä		ä	

* Bei „zäh“ höre ich am Wortende das ä. Das h ist stumm. Man hört es nicht, aber man muss es schreiben. Das Schriftbild kennen die Schüler jedoch noch nicht.

Die Lehrkraft wertet die Übungen aus und erfährt so, welches Kind den Laut nicht oder nur ungenau hört.

Wie viele ä hörst du in den einzelnen Sätzen?
1. Vater Bär zersägt mit der scharfen Säge einen Baumstamm. (3)
2. Die Mädel lösen Märchenrätsel. (3)
3. Ein Käfer krabbelt über den Käse. (2)

6. Optische Übungen / 7. Taktile / kinästhetische Übungen

(Erläuterungen siehe z. B. auf S. 9)

8. Zungenbrecher und Reimwörter

Zu jedem Laut sollten die Schüler einen Zungenbrecher lernen. Bei den Zungenbrechern und Reimwörtern spielt die Rechtschreibung zunächst keine Rolle. Im Vordergrund steht der Klang, nicht die Schreibweise. Die Lehrkraft muss hierbei immer wieder darauf achten, dass die Kinder deutlich sprechen.

Zungenbrecher
Im Märchen gibt es oft Pärchen.
Pärchen gibt es oft im Märchen.

Reimwörter
schriftlich: Käfer – Schäfer, Räder – Bäder, Fäden – Läden, Märchen – Pärchen

9. Schreibübungen

a) Buchstabe
Die Buchstaben Ä, ä mit dickem Fasermaler schreiben, groß beginnen, kleiner werden; zuletzt mit Füller ins Heft oder auf ein Arbeitsblatt schreiben.

b) Übungswörter
Käse, Säge, Bär, Mädel, Mädchen, Märchen, Käfer, Räder, Bäder

Lautgewinnung Ö, ö

1. Einführung

siehe „Erste phonematische Übung“ oder
eine Geschichte mit Ö-Wörtern ausdenken oder
einen Zungenbrecher vorsprechen oder Reimwörter nennen und fragen:

- Welchen Laut hörst du in den meisten Wörtern?
- Welche Wörter mit diesem Laut hast du dir gemerkt?

2. Erste phonematische Übung

Welchen Laut hörst du in allen Wörtern? (Die Lehrkraft spricht vor, die Kinder sprechen nach.)

Wortanfang (WA)	Wortmitte (WM)	Wortende (WE)
Öse	böse, schön	Bö
Öl	Brötchen	
öde	lösen, stören, löten	
Ölsardine	hören, möchte	
Öfen, Öfchen	Töne, Flöte, Wörter	
Örtchen	Körper	
	Löwe, König, Möbel	
	Körner, Töpfe	
	Köter, Köder, Möhre	
	Söhne, Pfötchen	

Hinweise: Die Tabelle kann ergänzt werden. Berücksichtigen Sie dabei auch – falls möglich – die Namen der Kinder in der Klasse. („Welche Wörter kennt ihr noch?“ Die Kinder ergänzen.)

Es gibt im Deutschen nur sehr wenige Wörter mit ö am Wortende.

3. Phonetische Übung

Hinweis: Die Kinder schauen in ihre Spiegel und benutzen bewusst ihre Sprechwerkzeuge.

Lautbildung
Die Lippen bilden ein rundes Loch und sind leicht angespannt. Die Zungenspitze berührt die unteren Schneidezähne. Der mittlere Zungenteil hebt sich leicht nach oben. Die Luft entweicht langsam, und es entsteht der ö-Laut. Man hat das Gefühl, dass das ö hinten im Mund entsteht.

Lautgebärde
Die Mundform ist ähnlich wie beim o, allerdings ist die Oberlippe beim ö angespannter. Man benötigt beide Zeigefinger. Der Zeigefinger der rechten Hand bewegt sich außen in einem Halbkreis von der Mitte der Oberlippe bis zur Mitte der Unterlippe. Parallel dazu bewegt sich der linke Zeigefinger linksherum. Mit den zwei Fingern soll an die ö-Strichelchen erinnert werden.

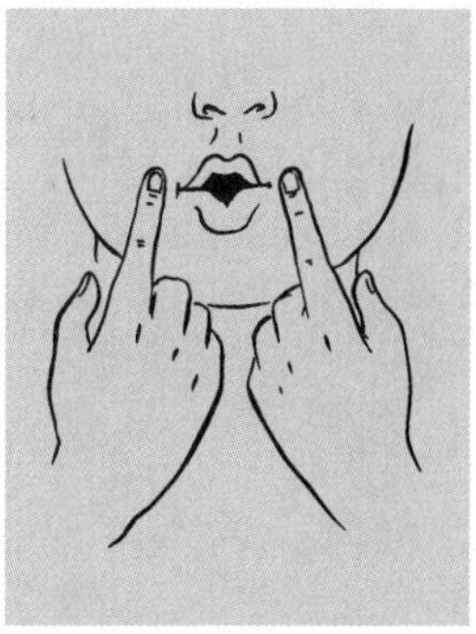

4. Die Buchstaben im Viererfenster

Es gibt 4 verschiedene Buchstaben für den Laut ö:
das große gedruckte **Ö**, das kleine gedruckte **ö**
das große geschriebene *Ö*, das kleine geschriebene *ö*

Ö	ö
Ö	*ö*

Übungen mit dem Viererfenster
Die Lehrkraft nennt den Laut und die Kinder schreiben einen Buchstaben dazu auf. Welchen Buchstaben die Schüler schreiben sollen, hängt von der jeweiligen Aufgabenstellung ab. Es können nur der große oder nur der kleine oder auch beide Buchstaben, die zu dem Laut gehören, aufgeschrieben werden.

5. Phonematische Übungen

Übung 1: In welchen Wörtern hörst du den Laut ö?

Arbeitsanweisungen:
1. Ich sage das Wort. / 2. Sprich nach und übe am Spiegel! / 3. Überlege genau! / 4. Trage den Buchstaben ein!

Übung 2: An welcher Stelle im Wort hörst du den Laut ö? (Die Arbeitsanweisungen sind dieselben wie bei Übung 1.)

Hinweise: Beide Übungen werden hintereinander durchgeführt. Während des Sprechens und Hörens schauen die Kinder in ihre Spiegel. Der Mund der Lehrkraft wird mit einem Blatt verdeckt.

Tabelle für die Lehrkraft			**Tabelle für das Kind (Lösungen)**				
	Übung 1	Übung 2		Übung 1	Übung 2		
	ö	**WA, WM, WE**		**Laut: ....**	**WA**	**WM**	**WE**
1.	Öl	Öse	1.	ö	ö		
2.	Öfen	Öhrchen	2.	ö	ö		
3.	Ohr	lösen	3.			ö	
4.	Bohrer	böse	4.			ö	
5.	Lösung	Bö	5.	ö			ö
6.	Flöte	Öl	6.	ö	ö		
7.	Bär	König	7.			ö	
8.	üben	Flöte	8.			ö	
9.	löten	Öfen	9.	ö	ö		
10.	Pfötchen	Brötchen	10.	ö		ö	

Die Lehrkraft wertet die Übungen aus und erfährt so, welches Kind den Laut nicht oder nur ungenau hört.

Wie viele ö hörst du in den einzelnen Sätzen?
1. Die Söhne essen gern Körnerbrötchen. (3)
2. Der Film „König der Löwen" handelt von dem Löwenjungen Simba. (3)
3. Meine neue Flöte bringt hohe Töne hervor. (2)

6. Optische Übungen / 7. Taktile / kinästhetische Übungen

(Erläuterungen siehe z. B. auf S. 9)

8. Zungenbrecher und Reimwörter

Zu jedem Laut sollten die Schüler einen Zungenbrecher lernen. Bei den Zungenbrechern und Reimwörtern spielt die Rechtschreibung zunächst keine Rolle. Im Vordergrund steht der Klang, nicht die Schreibweise. Die Lehrkraft muss hierbei immer wieder darauf achten, dass die Kinder deutlich sprechen.

Zungenbrecher
Möwen stören Löwen.
Löwen stören Möwen.

Reimwörter
schriftlich: Möwe – Löwe, hören – stören, Öse – böse

9. Schreibübungen

a) Buchstabe
Die Buchstaben Ö, ö mit dickem Fasermaler schreiben, groß beginnen, kleiner werden; zuletzt mit Füller ins Heft oder auf ein Arbeitsblatt schreiben.

b) Übungswörter
Öl, Öse, Löwe, Möwe, Köder, Töne, Wörter, lösen, böse, hören, möchte, schön, Möwenfeder, Gehör, gehörlos

Lautgewinnung Ü, ü

1. Einführung

siehe „Erste phonematische Übung" oder
eine Geschichte mit Ü-Wörtern ausdenken oder
einen Zungenbrecher vorsprechen oder Reimwörter nennen und fragen:

- Welchen Laut hörst du in den meisten Wörtern?
- Welche Wörter mit diesem Laut hast du dir gemerkt?

2. Erste phonematische Übung

Welchen Laut hörst du in allen Wörtern? (Die Lehrkraft spricht vor, die Kinder sprechen nach.)

Wortanfang (WA)	Wortmitte (WM)	Wortende (WE)
üben	Rübe, Rücksicht, Rüpel	Menü
über	Kübel, Küche, Küste	hü
Übung	Bügel, Büro, Bücher	tatü
übel	für, fühlen, Fühler, Gefühl	
	Tür, Tüte, tüchtig	
	Gemüse, Güte, wünschen	
	Müsli, müde, hüten, Lüge	
	Schüler, schüchtern	
	hübsch, Hüte, Hütte	
	Kürbis, kühlen, Kühler	

Hinweise: Die Tabelle kann ergänzt werden. Berücksichtigen Sie dabei auch – falls möglich – die Namen der Kinder in der Klasse. („Welche Wörter kennt ihr noch?" Die Kinder ergänzen.)

Es gibt im Deutschen nur sehr wenige Wörter mit ü am Wortende.

3. Phonetische Übung

Hinweis: Die Kinder schauen in ihre Spiegel und benutzen bewusst ihre Sprechwerkzeuge.

Lautbildung
Die Lippen bilden ein kleines rundes Loch und sind dabei leicht vorgestülpt und angespannt. Die Zungenspitze berührt die unteren Schneidezähne. Man kann ein Röhrchen zwischen die Lippen stecken und hat das Gefühl, dass das ü wie eine Schaukel draußen an den Lippen hängt.

Lautgebärde
Hier wird die u-Gebärde mit beiden Fingern gezeigt. Mit beiden Fingern soll an die ü-Strichelchen erinnert werden.

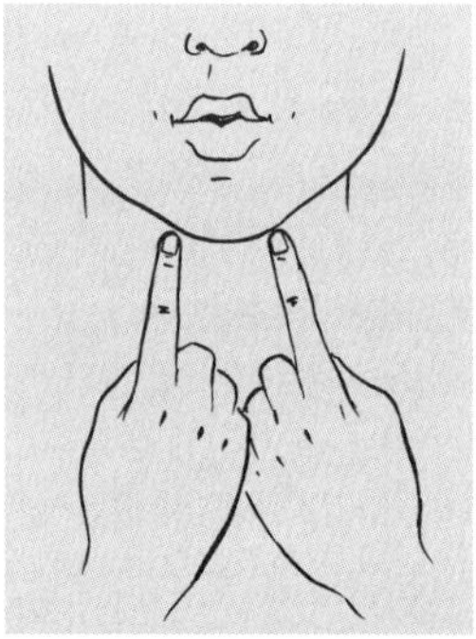

Erste Lese- und Sprechübungen
M ist hier ein Beispiel für einen beliebigen Konsonanten. Zuerst wird das m gesprochen, dann wird langsam zu den anderen Umlauten übergegangen. Die Laute dürfen nicht einzeln und abgehackt gesprochen werden; das Verschmelzen ist ganz besonders wichtig. Zu dieser Übung benutzen wir den Silbenteppich.

	ä	ö	ü	en	er
m	mä	mö	mü	men	mer

4. Die Buchstaben im Viererfenster

Es gibt 4 verschiedene Buchstaben für den Laut ü:
das große gedruckte **Ü**, das kleine gedruckte **ü**
das große geschriebene Ü, das kleine geschriebene ü

Ü	ü
Ü	ü

Übungen mit dem Viererfenster
Die Lehrkraft nennt den Laut und die Kinder schreiben einen Buchstaben dazu auf. Welchen Buchstaben die Schüler schreiben sollen, hängt von der jeweiligen Aufgabenstellung ab. Es können nur der große oder nur der kleine oder auch beide Buchstaben, die zu dem Laut gehören, aufgeschrieben werden.

5. Phonematische Übungen

Übung 1: In welchen Wörtern hörst du den Laut ü?

Arbeitsanweisungen:
1. Ich sage das Wort. / 2. Sprich nach und übe am Spiegel! / 3. Überlege genau! / 4. Trage den Buchstaben ein!

Übung 2: An welcher Stelle im Wort hörst du den Laut ü? (Die Arbeitsanweisungen sind dieselben wie bei Übung 1.)

Hinweise: Beide Übungen werden hintereinander durchgeführt. Während des Sprechens und Hörens schauen die Kinder in ihre Spiegel. Der Mund der Lehrkraft wird mit einem Blatt verdeckt.

Tabelle für die Lehrkraft			Tabelle für das Kind (Lösungen)				
	Übung 1	Übung 2		Übung 1	Übung 2		
	ü	WA, WM, WE		Laut: …	WA	WM	WE
1.	Lüge	üben	1.	ü	ü		
2.	hüten	Küche	2.	ü		ü	
3.	Musik	Bügel	3.			ü	
4.	lösen	über	4.		ü		
5.	rühren	hü	5.	ü			ü
6.	Riese	Kürbis	6.			ü	
7.	Rübe	Schüler	7.	ü		ü	
8.	Bücher	müde	8.	ü		ü	
9.	böse	Übung	9.		ü		
10.	Büro	übel	10.	ü	ü		

Die Lehrkraft wertet die Übungen aus und erfährt so, welches Kind den Laut nicht oder nur ungenau hört.

Wie viele ü hörst du in den einzelnen Sätzen?
1. Frau Söder möchte mit den Schülern im Büro üben. (3)
2. Die Bügel, die Tüten, die Kisten und das Gemüse gehören in die Küche. (4)
3. Die Hüte der Hirten liegen neben der Hütte. (2)

Phonematische Übung am Spiegel
Die Laute ü und ö klingen ähnlich. Kinder mit Wahrnehmungsproblemen können hier Schwierigkeiten haben. Deshalb werden an dieser Stelle nochmals die Unterschiede bei der Lautbildung bewusst gemacht und das Heraushören und Unterscheiden der Laute geübt.

Aufgabe: Welchen Laut hörst du in folgenden Wörtern: ü oder ö?

Arbeitsanweisungen:
1. Ich sage das Wort. / 2. Sprich nach und übe am Spiegel! / 3. Überlege genau! / 4. Trage den Buchstaben ein!

	Lehrkraft		Schüler
	ü oder ö?		**ü oder ö? (Lösungen)**
1.	Möwe	1.	ö
2.	Mühe	2.	ü
3.	Öse	3.	ö
4.	Übel	4.	ü
5.	Tür	5.	ü
6.	Töne	6.	ö
7.	Küche	7.	ü
8.	Kröte	8.	ö
9.	schön	9.	ö
10.	Schüler	10.	ü

6. Optische Übungen / 7. Taktile / kinästhetische Übungen

(Erläuterungen siehe z. B. auf S. 9)

8. Zungenbrecher und Reimwörter

Zu jedem Laut sollten die Schüler einen Zungenbrecher lernen. Bei den Zungenbrechern und Reimwörtern spielt die Rechtschreibung zunächst keine Rolle. Im Vordergrund steht der Klang, nicht die Schreibweise. Die Lehrkraft muss hierbei immer wieder darauf achten, dass die Kinder deutlich sprechen.

Zungenbrecher
Mit viel Mühe fressen Kühe einen Kübel Rüben.
Einen Kübel Rüben fressen Kühe mit viel Mühe.

Reimwörter
schriftlich: für – Tür – Kür, üben – drüben – Rüben, Tüte – Blüte, Kübel – übel,
kühlen – wühlen, Bücher – Tücher

9. Schreibübungen

a) Buchstabe
Die Buchstaben Ü, ü mit dickem Fasermaler schreiben, groß beginnen, kleiner werden; zuletzt mit Füller ins Heft oder auf ein Arbeitsblatt schreiben.

b) Übungswörter
Tür, Tüte, Gemüse, Büro, Küche, Bücher, Rübe, müde, üben, über, für,
Haustür, Küchenlampe, Bücherregal, Rübensamen

Lautgewinnung Eu, eu

1. Einführung

siehe „Erste phonematische Übung“ oder
eine Geschichte mit Eu-Wörtern ausdenken oder
einen Zungenbrecher vorsprechen oder Reimwörter nennen und fragen:

- Welchen Laut hörst du in den meisten Wörtern?
- Welche Wörter mit diesem Laut hast du dir gemerkt?

2. Erste phonematische Übung

Welchen Laut hörst du in allen Wörtern? (Die Lehrkraft spricht vor, die Kinder sprechen nach.)

Wortanfang (WA)	Wortmitte (WM)	Wortende (WE)
Eule	Beule, Beute, Beutel	Heu
euch, eure, euer	Keule	scheu
Euro	Feuer, deutlich	neu
Europa	teuer, neun, neunzehn	Efeu
Euter	heute, Freund	Spreu
Eukalyptus	heulen, heute	
	Leute, leuchten	
	Seuche, Meute	
	Scheune	
	Steuer	

Hinweise: Die Tabelle kann ergänzt werden. Berücksichtigen Sie dabei auch – falls möglich – die Namen der Kinder in der Klasse. („Welche Wörter kennt ihr noch?“ Die Kinder ergänzen.)

3. Phonetische Übung

Hinweis: Die Kinder schauen in ihre Spiegel und benutzen bewusst ihre Sprechwerkzeuge.

Lautbildung

Eu ist ein Zwillingslaut, oder ein „Ehepaar“. Wir haben es mit zwei Mundhaltungen bzw. -formen zu tun. Beim Sprechen gelangt man vom kurzen o zum i. Die Lippen werden nach vorne gestülpt und das Kinn wird etwas angespannt. Man hört o und i, schreibt aber eu. Eu drückt Erstaunen aus.

Lautgebärde

Mit den beiden Zeigefingern und Daumen bildet man zwei geschlossene Kreise um die Augen. Damit werden die großen Augen einer Eule symbolisiert.

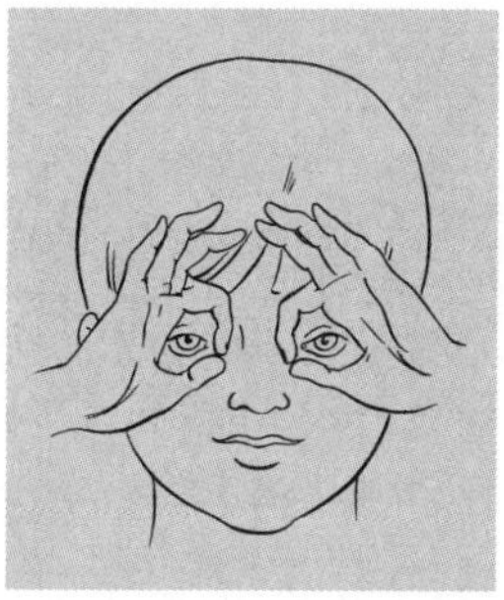

Erste Lese- und Sprechübungen

Die ersten drei Mitlaute werden hier mit den drei Zwielauten zu Silben verschmolzen. Zuerst wird der Mitlaut gesprochen, dann wird langsam zum Zwielaut übergegangen. Beide Laute werden nacheinander mit der Lautgebärde gezeigt. Die Laute dürfen nicht einzeln und abgehackt gesprochen werden; das Verschmelzen ist ganz besonders wichtig. Zu dieser Übung benutzen wir den Silbenteppich.

	au	ei	eu
m	mau	mei	meu
r	rau	rei	reu
s	sau	sei	seu

4. Die Buchstaben im Viererfenster

Es gibt 4 verschiedene Buchstaben für den Laut eu:
das große gedruckte **Eu**, das kleine gedruckte **eu**
das große geschriebene *Eu*, das kleine geschriebene *eu*

Eu	eu
Eu	*eu*

Übungen mit dem Viererfenster
Die Lehrkraft nennt den Laut und die Kinder schreiben die Buchstabenverbindung dazu auf. Was die Schüler schreiben sollen, hängt von der jeweiligen Aufgabenstellung ab. Es können nur der große oder nur der kleine oder auch beide Buchstaben, die zu dem Laut gehören, aufgeschrieben werden.

5. Phonematische Übungen

Übung 1: In welchen Wörtern hörst du den Laut eu?

Arbeitsanweisungen:
1. Ich sage das Wort. / 2. Sprich nach und übe am Spiegel! / 3. Überlege genau! / 4. Trage den Buchstaben ein!

Übung 2: An welcher Stelle im Wort hörst du den Laut eu? (Die Arbeitsanweisungen sind dieselben wie bei Übung 1.)

Hinweise: Beide Übungen werden hintereinander durchgeführt. Während des Sprechens und Hörens schauen die Kinder in ihre Spiegel. Der Mund der Lehrkraft wird mit einem Blatt verdeckt.

	Tabelle für die Lehrkraft			Tabelle für das Kind (Lösungen)			
	Übung 1	Übung 2		Übung 1	Übung 2		
	eu	WA, WM, WE		Laut: ...	WA	WM	WE
1.	Euro	Eule	1.	eu	eu		
2.	scheu	euer	2.	eu	eu		
3.	schonen	neu	3.				eu
4.	Leute	Efeu	4.	eu			eu
5.	leise	Beule	5.			eu	
6.	euch	neun	6.	eu		eu	
7.	neunzig	Europa	7.	eu	eu		
8.	Lösung	euch	8.		eu		
9.	Heu	heute	9.	eu		eu	
10.	Scheune	scheu	10.	eu			eu

Die Lehrkraft wertet die Übungen aus und erfährt so, welches Kind den Laut nicht oder nur ungenau hört.

Wie viele eu hörst du in den einzelnen Sätzen?
1. Neun scheue Eulen heulen im Eukalyptusbaum. (5)
2. Das Feuer in der Scheune löschen die Feuerwehrleute. (4)
3. Die neuen Küchenmöbel sind teuer. (2)

6. Optische Übungen / 7. Taktile / kinästhetische Übungen

(Erläuterungen siehe z. B. auf S. 9)

8. Zungenbrecher und Reimwörter

Zu jedem Laut sollten die Schüler einen Zungenbrecher lernen. Bei den Zungenbrechern und Reimwörtern spielt die Rechtschreibung zunächst keine Rolle. Im Vordergrund steht der Klang, nicht die Schreibweise. Die Lehrkraft muss hierbei immer wieder darauf achten, dass die Kinder deutlich sprechen.

Zungenbrecher
In der Scheune heulen heute neun Eulen.
Neun Eulen heulen heute in der Scheune.

Reimwörter
schriftlich: Leute – heute – Meute, Beule – Keule – heule, Feuer – teuer, Heu – scheu

9. Schreibübungen

a) Buchstabenverbindung
Die Buchstabenverbindung „Eu, eu" besteht aus bekannten Buchstaben und kann deshalb gleich mit Füller ins Heft geschrieben werden.

b) Übungswörter
Eule, Euro, Europa, neu, neun, eure, euer, Feuer, Keule, Scheune

Lautgewinnung Sch, sch

1. Einführung

siehe „Erste phonematische Übung" oder
eine Geschichte mit Sch-Wörtern ausdenken oder
einen Zungenbrecher vorsprechen oder Reimwörter nennen und fragen:

- Welchen Laut hörst du in den meisten Wörtern?
- Welche Wörter mit diesem Laut hast du dir gemerkt?

2. Erste phonematische Übung

Welchen Laut hörst du in allen Wörtern? (Die Lehrkraft spricht vor, die Kinder sprechen nach.)

Wortanfang (WA)	Wortmitte (WM)	Wortende (WE)
Schale, Schaf, Schaden	Asche, Tasche, Masche	rasch
Schere, Schemel	waschen, rascheln	Tisch, Fisch
Schiene, schieben	wischen, Mischer, mischen	Tusch
schon, Schober, Schokolade	duschen, kuscheln	frisch
Schule, Schuh	löschen, Löscher, Tusche	Frosch
Schein, scheinen, Scheibe	Wäsche	Fleisch
Schaum, schäumen	lauschen	
Scheune		
schön		
schauen		

Hinweise: Die Tabelle kann ergänzt werden. Berücksichtigen Sie dabei auch – falls möglich – die Namen der Kinder in der Klasse. („Welche Wörter kennt ihr noch?" Die Kinder ergänzen.)

3. Phonetische Übung

Hinweis: Die Kinder schauen in ihre Spiegel und benutzen bewusst ihre Sprechwerkzeuge.

Lautbildung
Die Lippen werden nach vorn gestülpt, wie bei einer Schnute oder einem Rüssel. Die Zungenränder liegen an den oberen Backenzähnen. Die Luft entweicht langsam. Die Zungenspitze schwebt im Mund. Es entsteht ein Geräusch, als ob Dampf entweicht.

Lautgebärde
Beide Fäuste drücken auf die leicht aufgeblasenen Wangen, sodass die Luft mit dem sch-Laut entweicht.

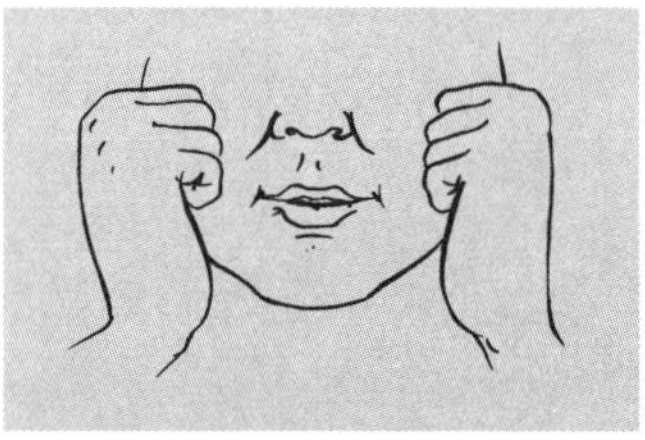

Erste Lese- und Sprechübungen
Sch wird am Anfang nur mit den Selbstlauten zu einer Silbe verschmolzen. Zuerst wird das sch gesprochen, dann wird langsam zu den anderen Lauten übergegangen. Beide Laute werden nacheinander mit der Lautgebärde gezeigt. Die Laute dürfen nicht einzeln und abgehackt gesprochen werden; das Verschmelzen ist ganz besonders wichtig. Zu dieser Übung benutzen wir den Silbenteppich.

	a	e	i	o	u
sch	scha	sche	schi	scho	schu

4. Die Buchstaben im Viererfenster

Es gibt 4 verschiedene Buchstaben für den Laut sch:
das große gedruckte **Sch**, das kleine gedruckte **sch**
das große geschriebene *Sch*, das kleine geschriebene *sch*

Sch	sch
Sch	*sch*

Übungen mit dem Viererfenster
Die Lehrkraft nennt den Laut und die Kinder schreiben einen Buchstaben dazu auf. Welchen Buchstaben die Schüler schreiben sollen, hängt von der jeweiligen Aufgabenstellung ab. Es können nur der große oder nur der kleine oder auch beide Buchstaben, die zu dem Laut gehören, aufgeschrieben werden.

5. Phonematische Übungen

Übung 1: In welchen Wörtern hörst du den Laut sch?

Arbeitsanweisungen:
1. Ich sage das Wort. / 2. Sprich nach und übe am Spiegel! / 3. Überlege genau! / 4. Trage den Buchstaben ein!

Übung 2: An welcher Stelle im Wort hörst du den Laut sch? (Die Arbeitsanweisungen sind dieselben wie bei Übung 1.)

Hinweise: Beide Übungen werden hintereinander durchgeführt. Während des Sprechens und Hörens schauen die Kinder in ihre Spiegel. Der Mund der Lehrkraft wird mit einem Blatt verdeckt.

Tabelle für die Lehrkraft			Tabelle für das Kind (Lösungen)				
	Übung 1	Übung 2		Übung 1	Übung 2		
	sch	**WA. WM, WE**		**Laut: ...**	**WA**	**WM**	**WE**
1.	Schale	scheinen	1.	sch	sch		
2.	Schule	Schuh	2.	sch	sch		
3.	Küche	Masche	3.			sch	
4.	Fisch	wischen	4.	sch		sch	
5.	leicht	Schere	5.		sch		
6.	Katze	Fisch	6.				sch
7.	Asche	rasch	7.	sch			sch
8.	Kuchen	Dusche	8.			sch	
9.	duschen	Schaf	9.	sch	sch		
10.	Becher	löschen	10.			sch	

Die Lehrkraft wertet die Übungen aus und erfährt so, welches Kind den Laut nicht oder nur ungenau hört.

Wie viele sch hörst du in den einzelnen Sätzen?
1. Früher wuschen die Wäscherinnen die Wäsche im Waschhaus. (4)
2. Bei Schneiders wäscht heute die Waschmaschine die Wäsche. (5)
3. In der Waschmaschine wird die Wäsche auch geschleudert. (4)

Phonematische Übung am Spiegel
Die Laute sch und ch_1 sind sich ähnlich. Kinder mit Wahrnehmungsproblemen können hier Schwierigkeiten haben. Deshalb werden an dieser Stelle nochmals die Unterschiede bei der Lautbildung bewusst gemacht und das Heraushören und Unterscheiden der Laute geübt.

Sch, sch	Ch_1, ch_1
Lippen nach vorn stülpen	Lippen breit ziehen
Zunge schwebt im Mund	Zunge liegt breit hinter den unteren Schneidezähnen und bildet einen Katzenbuckel
rasch	reich
Uschi	Küche
Masche	möchte
Kirsche	Kirche
Fische	Fichte

Aufgabe: Welchen Laut hörst du in folgenden Wörtern: sch oder ch_1?

Arbeitsanweisungen:
1. Ich sage das Wort. / 2. Sprich nach und übe am Spiegel! / 3. Überlege genau! / 4. Trage den Buchstaben ein!

	Lehrkraft		Schüler
	sch oder ch_1?		**sch oder ch_1? (Lösungen)**
1.	Masche	1.	sch
2.	duschen	2.	sch
3.	Sichel	3.	ch_1
4.	Becher	4.	ch_1
5.	Mischer	5.	sch
6.	rasch	6.	sch
7.	reich	7.	ch_1
8.	Wäsche	8.	sch
9.	Weiche	9.	ch_1
10.	Küche	10.	ch_1

6. Optische Übungen / 7. Taktile / kinästhetische Übungen

(Erläuterungen siehe z. B. auf S. 9)

8. Zungenbrecher und Reimwörter

Zu jedem Laut sollten die Schüler einen Zungenbrecher lernen. Bei den Zungenbrechern und Reimwörtern spielt die Rechtschreibung zunächst keine Rolle. Im Vordergrund steht der Klang, nicht die Schreibweise. Die Lehrkraft muss hierbei immer wieder darauf achten, dass die Kinder deutlich sprechen.

Zungenbrecher
Scharfe Scheren schneiden schön.
Schön schneiden scharfe Scheren.

Reimwörter
schriftlich: schauen – bauen, wischen – mischen, Tasche – Masche – Lasche

9. Schreibübungen

a) Buchstabenverbindung
Die Buchstaben Sch, sch mit dickem Fasermaler schreiben, groß beginnen, kleiner werden; zuletzt mit Füller ins Heft oder auf ein Arbeitsblatt schreiben.

b) Übungswörter
Schale, Schaf, Schule, Schüler, Schere, Scheune, Tasche, Fisch, schön, schon, schauen, scheinen, waschen, duschen, rasch

Lautgewinnung -el

1. Phonematische Übung

Welche Lautverbindung hörst du in allen Wörtern? Die Lehrkraft spricht vor, die Kinder sprechen nach.

-el Wortende (WE)
Hagel, Nagel, Regel, Hebel, Segel, Siegel, Riegel, Beutel
Kugel, Hügel, Bügel, Zügel, Kegel, Möbel, Henkel
Nudel, Pudel, Rudel, Tiegel, Ziegel, Schenkel, Senkel
Schädel

Die Tabelle kann ergänzt werden. Berücksichtigen Sie dabei die Ideen der Kinder. („Welche Wörter kennt ihr noch?")

2. Phonetische Übung

Lautbildung
Es handelt sich um 2 Buchstaben: e und l, die man wie einen Laut ausspricht. -el ist charakteristisch als Verbendung und Mehrzahlform von Substantiven.

Lautgebärde
Der Zeigefinger tippt einmal kurz gegen das Kinn und bewegt sich gleich wieder nach unten.

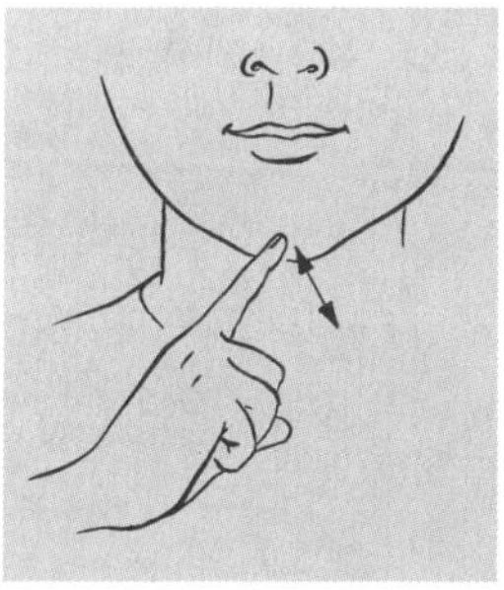

3. Die Buchstaben im Zweierfenster

Es gibt 2 verschiedene Schreibmöglichkeiten für den Laut -el:
das kleine gedruckte **-el**
das kleine geschriebene *-el*

-el
-el

Übungen mit dem Zweierfenster
Die Lehrkraft nennt die Endung. Die Schüler schreiben beide Buchstaben dazu auf. Was die Schüler schreiben sollen, hängt von der jeweiligen Aufgabenstellung ab. Es kann hier die geschriebene oder die gedruckte Endung sein.

4. Phonematische Übung am Spiegel

Aufgabe: Welchen Laut hörst du in folgenden Wörtern: -el oder -en?

Arbeitsanweisungen:
1. Ich sage das Wort. / 2. Sprich nach und übe am Spiegel! / 3. Überlege genau! / 4. Trage den Buchstaben ein!

Hinweis: Der Mund der Lehrkraft wird mit einem Blatt verdeckt.

	Lehrkraft		Schüler
	-el oder -en?		**-el oder -en? (Lösungen)**
1.	Hobel	1.	-el
2.	lesen	2.	-en
3.	turnen	3.	-en
4.	Nagel	4.	-el
5.	Wiesel	5.	-el
6.	Beutel	6.	-el
7.	Möbel	7.	-el
8.	kaufen	8.	-en
9.	schauen	9.	-en
10.	Kugel	10.	-el

5. Optische Übungen / 6. Taktile / kinästhetische Übungen

(Erläuterungen siehe z. B. auf S. 9)

7. Zungenbrecher und Reimwörter

Zu jedem Laut sollten die Schüler einen Zungenbrecher lernen. Bei den Zungenbrechern und Reimwörtern spielt die Rechtschreibung zunächst keine Rolle. Im Vordergrund steht der Klang, nicht die Schreibweise. Die Lehrkraft muss hierbei immer wieder darauf achten, dass die Kinder deutlich sprechen.

Zungenbrecher
Kegel, Kugel, Bügel liegen auf dem Hügel.
Unser Pudel frisst die Nudel.

Reimwörter
schriftlich: Nudel – Rudel – Pudel, Hügel – Bügel – Zügel, Siegel – Tiegel – Riegel – Ziegel
Henkel – Schenkel – Senkel, Regel – Segel – Kegel

8. Schreibübungen

a) Übungswörter
Kegel, Kugel, Möbel, Schädel, Regel, Hagel, Segel, Hebel, Hobel, Mädel

Lautgewinnung J, j

1. Einführung

siehe „Erste phonematische Übung“ oder
eine Geschichte mit J-Wörtern ausdenken oder
eine entsprechende Geschichte aus einem „Abc-Buch“ lesen oder
einen Zungenbrecher vorsprechen oder Reimwörter nennen und fragen:

- Welchen Laut hörst du in den meisten Wörtern?
- Welche Wörter mit diesem Laut hast du dir gemerkt?

2. Erste phonematische Übung

Welchen Laut hörst du in allen Wörtern? (Die Lehrkraft spricht vor, die Kinder sprechen nach.)

Wortanfang (WA)	Wortmitte (WM)	Wortende (WE)
ja, Jan, Jana, Jakob	Jojo*	
Jahr, Januar, Jaguar, Japan	Kajüte	
jede, jeder, Jäger, jagen	Katja	
Joachim	Tanja	
Juli, Juni, Juwelen	Anja	
Jubel, Julia, Juliane, Jutta	Koje	
jaulen, jemand, Jens		
Jörg, Johann, Jonas		

* In diesem Wort hört man mehrere j an verschiedenen Stellen im Wort.

Hinweise: Die Tabelle kann ergänzt werden. Berücksichtigen Sie dabei auch – falls möglich – die Namen der Kinder in der Klasse. („Welche Wörter kennt ihr noch?“ Die Kinder ergänzen.)

Es ist eine Besonderheit der deutschen Sprache, dass es keine Wörter mit j am Wortende gibt.

3. Phonetische Übung

Hinweis: Die Kinder schauen in ihre Spiegel und benutzen bewusst ihre Sprechwerkzeuge.

Lautbildung
Der Mund ist offen. Die Zunge liegt breit hinter der unteren Zahnreihe. Der Unterkiefer ist angespannt. Die Luft entweicht langsam. Das j wird mit Stimme gesprochen.

Lautgebärde
Die Hand wird im Gelenk abgewinkelt und etwa waagerecht über dem Kopf gehalten, um die Größe eines großen Jungen anzudeuten. Gleichzeitig erinnert die angewinkelte Hand mit dem Arm an das große geschriebene J.

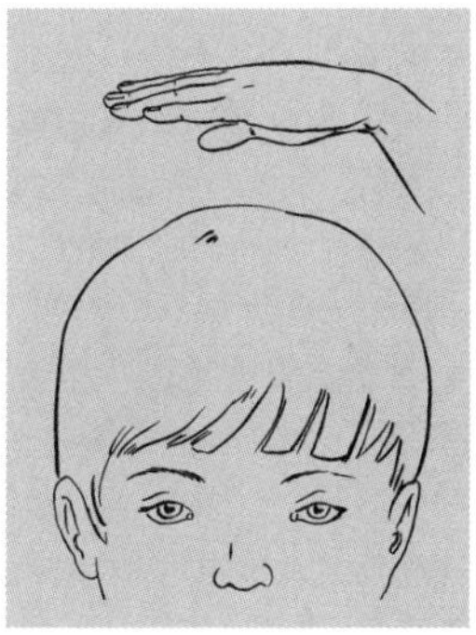

Erste Lese- und Sprechübungen
J wird am Anfang nur mit den Selbstlauten zu einer Silbe verschmolzen. Zuerst wird das j gesprochen, dann wird langsam zu den anderen Lauten übergegangen. Beide Laute werden nacheinander mit der Lautgebärde gezeigt. Die Laute dürfen nicht einzeln und abgehackt gesprochen werden; das Verschmelzen ist ganz besonders wichtig. Zu dieser Übung benutzen wir den Silbenteppich.

	a	e	i	o	u
j	ja	je	ji	jo	ju

4. Die Buchstaben im Viererfenster

Es gibt 4 verschiedene Buchstaben für den Laut j:
das große gedruckte **J**, das kleine gedruckte **j**
das große geschriebene *J*, das kleine geschriebene *j*

J	j
J	*j*

Übungen mit dem Viererfenster
Die Lehrkraft nennt den Laut und die Kinder schreiben einen Buchstaben dazu auf. Welchen Buchstaben die Schüler schreiben sollen, hängt von der jeweiligen Aufgabenstellung ab. Es können nur der große oder nur der kleine oder auch beide Buchstaben, die zu dem Laut gehören, aufgeschrieben werden.

5. Phonematische Übungen

Übung 1: In welchen Wörtern hörst du den Laut j?

Arbeitsanweisungen:
1. Ich sage das Wort. / 2. Sprich nach und übe am Spiegel! / 3. Überlege genau! / 4. Trage den Buchstaben ein!

Übung 2: An welcher Stelle im Wort hörst du den Laut j? (Die Arbeitsanweisungen sind dieselben wie bei Übung 1.)

Hinweise: Beide Übungen werden hintereinander durchgeführt. Während des Sprechens und Hörens schauen die Kinder in ihre Spiegel. Der Mund der Lehrkraft wird mit einem Blatt verdeckt.

	Tabelle für die Lehrkraft			Tabelle für das Kind (Lösungen)			
	Übung 1	Übung 2		Übung 1	Übung 2		
	j	WA, WM, WE		Laut: ...	WA	WM	WE
1.	Januar	Jana	1.	j	j		
2.	Julia	Julia	2.	j	j		
3.	Teufel	jeder	3.		J		
4.	Juli	Kajüte	4.	j		j	
5.	Bügel	Juwelen	5.		j		
6.	Jakob	Joachim	6.	j	j		
7.	Kajüte	Tanja	7.	j		j	
8.	Becher	Jahr	8.		j		
9.	Tanja	Jäger	9.	j	j		
10.	Jojo	Katja	10.	j, j		j	

Die Lehrkraft wertet die Übungen aus und erfährt so, welches Kind den Laut nicht oder nur ungenau hört.

Wie viele j hörst du in den einzelnen Sätzen?
1. Johann und Jonas besuchen seit diesem Schuljahr eine LRS-Klasse. (3)
2. Japanische Jäger jagen einen großen alten Jaguar. (4)
3. Jan und Jana besuchen das Sportzentrum in Jena. (3)

Phonematische Übung am Spiegel
Die Laute j und ch_1 klingen ähnlich und werden ähnlich gebildet. Kinder mit Wahrnehmungsproblemen können hier Schwierigkeiten haben. Deshalb werden an dieser Stelle nochmals die Unterschiede bei der Lautbildung bewusst gemacht und das Heraushören und Unterscheiden der Laute geübt.

J, j	Ch_1, ch_1
Luft entweicht langsam	Luft wird herausgepresst
mit Stimme	ohne Stimme
Anja	Eiche
Kajüte	Zeichen

Aufgabe: Welchen Laut hörst du in folgenden Wörtern: j oder ch_1?

Arbeitsanweisungen:
1. Ich sage das Wort. / 2. Sprich nach und übe am Spiegel! / 3. Überlege genau! / 4. Trage den Buchstaben ein!

Der Mund der Lehrkraft ist mit einem Blatt verdeckt.

	Lehrkraft		Schüler
	j oder ch_1?		**j oder ch_1? (Lösungen)**
1.	jagen	1.	j
2.	Katja	2.	j
3.	Eichel	3.	ch_1
4.	Küche	4.	ch_1
5.	Kajüte	5.	j
6.	Kirche	6.	ch_1
7.	Jojo	7.	j, j
8.	Becher	8.	ch_1
9.	Jaguar	9.	j
10.	Jubel	10.	j

6. Optische Übungen / 7. Taktile / kinästhetische Übungen

(Erläuterungen siehe z. B. auf S. 9)

8. Zungenbrecher und Reimwörter

Zu jedem Laut sollten die Schüler einen Zungenbrecher lernen. Bei den Zungenbrechern und Reimwörtern spielt die Rechtschreibung zunächst keine Rolle. Im Vordergrund steht der Klang, nicht die Schreibweise. Die Lehrkraft muss hierbei immer wieder darauf achten, dass die Kinder deutlich sprechen.

Zungenbrecher
Jäger Jakob jagt in Japan einen Jaguar.
Einen Jaguar jagt Jäger Jakob in Japan.

Reimwörter
schriftlich: jaulen – kraulen – maulen, jagen – fragen – sagen – nagen, Junge – Zunge – Lunge

9. Schreibübungen

a) Buchstabe
Die Buchstaben J, j mit dickem Fasermaler schreiben, groß beginnen, kleiner werden; zuletzt mit Füller ins Heft oder auf ein Arbeitsblatt schreiben.

b) Übungswörter
Januar, Juni, Juli, Jäger, Jana, Katja, Jubel, Jojo, Jahr, ja, jagen, jaulen, jede, jeder

Lautgewinnung V, v

V kann genauso klingen wie f, doch die Buchstaben sind unterschiedlich. V kann aber auch wie w gesprochen werden. Trotzdem wird ein v geschrieben. Also gibt es noch einen zweiten Laut, zu dem ebenfalls zwei verschiedene Buchstaben gehören. Hierfür gibt es keine Regeln. Die Kinder müssen sich die verschiedene Schreibweise der Wörter einprägen.

1. Einführung: v wie f

V kann genauso klingen wie f, doch die Buchstaben sind unterschiedlich. Es gibt also 1 Laut und 2 verschiedene Buchstaben, v und f.

2. Phonematische Übung

Welchen Laut hörst du in allen Wörtern? (Die Lehrkraft spricht vor, die Kinder sprechen nach.)

vor, faul, vom, fein, Feile, feilen, versuchen, Vater, Vogel, Fisch, vorbei

Die Kinder sehen die Wörter nicht. In jedem Wort ist der Laut f zu hören.

3. Erarbeitung: v wie f

Tafelbild verdeckt: Wörter mit v

vor, faul, vom, fein, Feile, Feier, versuchen, Vater, Vogel, Fisch

- Die Schüler erlesen die Wörter.
- Sie entdecken die unterschiedliche Schreibweise.
- Die Lehrkraft macht den Schülern den Laut f bewusst, der in jedem Wort zu hören ist, aber verschieden geschrieben wird.
- Dann schreibt sie die Wörter, die die Schüler nennen, geordnet in diese Tabelle:

Wörter mit v	Wörter mit f
vor	faul
vom	fein
versuchen	Feile
Vater	Feier
Vogel	Fisch

Merke: Für den Laut f gibt es die Buchstaben f und v!

4. Phonetische Übung: Wiederholung der Lautbildung f

V wird wie f gebildet und gesprochen: Die oberen Schneidezähne liegen auf der Unterlippe und die Luft wird herausgepresst. Man kann ein Blatt, eine Feder weg- oder eine Kerze auspusten. Der Laut wird ohne Stimme gesprochen. V und f haben zwar den gleichen Laut, aber es gibt zwei unterschiedliche Buchstaben: f und v. Die Schüler müssen sich die Wörter mit v einprägen.

5. Einführung: v wie w

V kann auch wie w klingen. Trotzdem wird ein v geschrieben. Es gibt also 1 Laut und 2 verschiedene Buchstaben, v und w.

6. Phonematische Übung

Welchen Laut hörst du in allen Wörtern? (Die Lehrkraft spricht vor, die Kinder sprechen nach.)

Wagen, Wal, Vulkan, Winter, Vase, Vampir, Lava, weit, November, waschen

Die Kinder sehen die Wörter nicht. In jedem Wort ist der Laut w zu hören.

7. Erarbeitung v wie w

Tafelbild verdeckt: Wörter mit w

Wagen, Wut, Vulkan, Winter, Vase, Advent, Lava, weit, November, waschen

- Die Schüler erlesen die Wörter.
- Sie entdecken die verschiedene Schreibweise.
- Die Lehrkraft macht den Schülern den Laut w bewusst, der in jedem Wort zu hören ist, aber verschieden geschrieben wird.
- Dann schreibt sie die Wörter, die die Schüler nennen, geordnet in die Tabelle.

Wörter mit v	Wörter mit w
Vulkan	Wagen
Vase	Wut
Advent	Winter
Lava	weit
November	waschen

Merke: Für den Laut w gibt es die Buchstaben w und v!

8. Phonetische Übung: Wiederholung der Lautbildung w

V wird wie w gebildet und gesprochen: Die oberen Schneidezähne liegen auf der Unterlippe. Die Luft entweicht langsam. Es kribbelt auf der Unterlippe. Das w wird mit Stimme gesprochen. Man sollte w im Wechsel mit f sprechen, um den Unterschied bewusster zu machen.

9. Zusammenfassung: Tafelbild v wie f und v wie w

v wie w	v wie f
Ventil, Vulkan, Vampir	vor, vom, von, vorn
Lava	verboten, versuchen
Kurve, Klavier	Vater, Vogel
November, Silvester	bevor, vorbei
bravo	davor

Merke: Der Buchstabe v kann wie f und wie w gesprochen werden.

10. Phonetische Übung: Lautgebärde

Für das v gibt es nur eine Lautgebärde. Zeige- und Mittelfinger bilden ein großes V, durch das hindurchgepustet wird. Die Fingerspitzen sollen etwa auf der Höhe der Unterlippe gehalten werden.

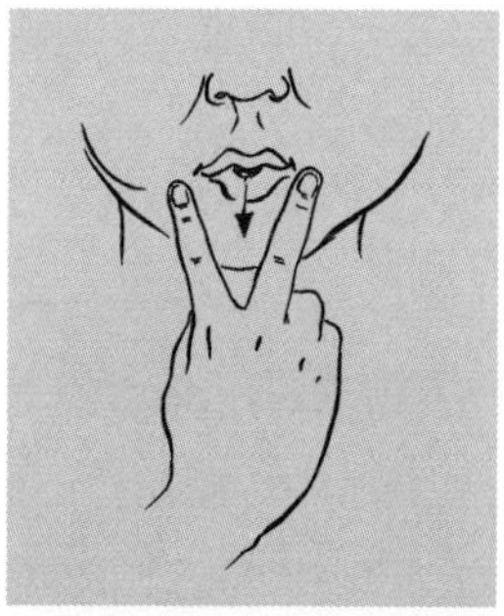

Erste Lese- und Sprechübungen
V wird am Anfang nur mit den Selbstlauten zu einer Silbe verschmolzen. Zuerst wird das v gesprochen, dann wird langsam zu den anderen Lauten übergegangen. Beide Laute werden nacheinander mit der Lautgebärde gezeigt. Die Laute dürfen nicht einzeln und abgehackt gesprochen werden; das Verschmelzen ist ganz besonders wichtig. Zu dieser Übung benutzen wir den Silbenteppich.

	a	e	i	o	u
v wie f	va	ve	vi	vo	vu
v wie w	va	ve	vi	vo	vu

11. Die Buchstaben im Viererfenster

Es gibt 4 verschiedene Buchstaben für den Laut v:
das große gedruckte **V**, das kleine gedruckte **v**
das große geschriebene *V*, das kleine geschriebene *v*

V	v
V	*v*

Übungen mit dem Viererfenster
Die Lehrkraft nennt den Laut und die Kinder schreiben einen Buchstaben dazu auf. Welchen Buchstaben die Schüler schreiben sollen, hängt von der jeweiligen Aufgabenstellung ab. Es können nur der große oder nur der kleine oder auch beide Buchstaben, die zu dem Laut gehören, aufgeschrieben werden.

12. Optische Übungen / 13. Taktile / kinästhetische Übungen

(Erläuterungen siehe z. B. auf S. 9)

14. Reimwörter

Vater – Kater, Veilchen – Seilchen – Weilchen, Vase – Hase – Nase

15. Schreibübungen

a) Buchstabe
Die Buchstaben V, v mit dickem Fasermaler schreiben, groß beginnen, kleiner werden; zuletzt mit Füller ins Heft oder auf ein Arbeitsblatt schreiben.

b) Übungswörter
Vater, Vogel, Veilchen, Vulkan, Lava, Vase, Verbot, Verein, vor, von, vom, vorbei, davor, bevor, verlaufen

Lautgewinnung ß

1. Einführung

ß wird wie das Schlangen-s (= stimmloses s) gesprochen. Es kommt nur in der Wortmitte und am Wortende vor: 1 Laut – 2 verschiedene Buchstaben: s und ß

2. Phonetische Übung: Wiederholung der Lautbildung Schlangen-s

Die Zunge befindet sich hinter den unteren Schneidezähnen. Die Lippen bilden einen Lachmund. Sie sind breit gezogen. Die Zungenränder zeigen nach oben. Es entsteht eine Zungenrinne. Der Luftstrom wird durch die Zungenrinne gedrückt. Das s ohne Stimme kann man mit dem Zischen einer Schlange vergleichen.

Lautgebärde
Beide Zeigefinger greifen in einen imaginären Ring aus Garn o. ä. und „reißen" den Ring mit einer kräftigen Bewegung nach außen entzwei.

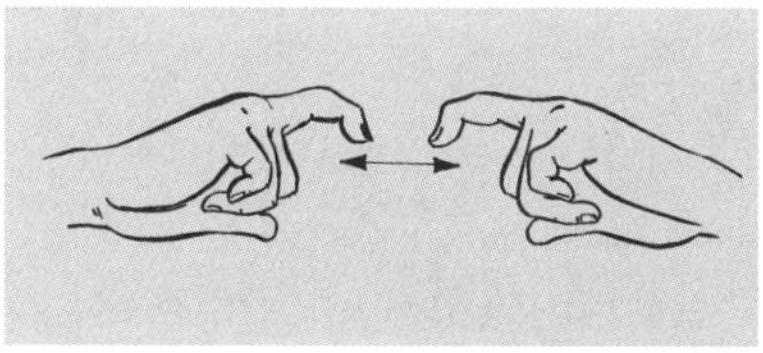

3. Die Buchstaben im Zweierfenster

Es gibt 2 verschiedene Buchstaben für den Laut ß:
das kleine gedruckte **ß**
das kleine geschriebene *ß*

ß
ß

Welche Wörter schreibe ich mit ß und welche mit s? Die Kinder müssen sich die Wörter mit ß durch Training einprägen.

4. Erarbeitung: s und ß

Tafelbild: Wörter mit ß

Füße, Reis, Gas, heißen, aus, heraus, Geißlein, beißen, Mus, zerreißen

- Die Schüler erlesen die Wörter.
- Sie entdecken die unterschiedliche Schreibweise.
- Die Lehrkraft macht den Schülern den Laut s bewusst, der in jedem Wort zu hören ist, aber verschieden geschrieben wird.
- Dann schreibt sie die Wörter, die die Schüler nennen, geordnet in diese Tabelle:

Wörter mit ß	Wörter mit s (Schlangen-s)
Füße	Reis
heißen	Gas
Geißlein	aus
beißen	heraus
zerreißen	Mus

Merke: Für den Laut s (Schlangen-s) gibt es zwei Buchstaben: s und ß!

5. Optische Übungen / 6. Taktile / kinästhetische Übungen

(Erläuterungen siehe z. B. auf S. 9)

7. Reimwörter

heißen – beißen – reißen, Fuß – Gruß, weiß – heiß

8. Schreibübungen

a) Buchstabe
Den Buchstaben ß mit dickem Fasermaler schreiben, groß beginnen, kleiner werden; zuletzt mit Füller ins Heft oder auf ein Arbeitsblatt schreiben.

b) Übungswörter
weiß, heiß, heißen, beißen, Fuß, Maß, reißen

Lautgewinnung X, x

1. Einführung

Nun kommen wir zu den schwierigen Lauten und Buchstaben. Zuerst werden Laut und Buchstabe besprochen. Zunächst wird nur das x eingeführt.

2. Erarbeitung

Tafelbild: Bilder von einer Hexe, einem Taxi, einer Axt: Welchen Laut hörst du in diesen Wörtern?

Laut: **ks** (Die Lehrkraft ergänzt den Laut.)
Buchstabenname: **iks**
Buchstaben: **X, x**

Wörter mit X, x
Die Wörter Hexe, Taxi, Axt, Xaver werden in die 1. Spalte der folgenden Tabelle geschrieben. Die anderen zwei Spalten bleiben noch frei.

Übungswörter

X, x		
He**x**e		
Ta**x**i		
A**x**t		
Xaver		

Tafelbild: Wörter mit dem Laut ks

Fuchs, Keks, Luchs, piksen, Dachs, links, Lachs

- Die Schüler erlesen die Wörter.
- Sie entdecken die unterschiedliche Schreibweise.
- Die Lehrkraft macht den Schülern den Laut bewusst, der in jedem Wort zu hören ist, aber verschieden geschrieben wird.
- Dann werden die Wörter entsprechend in folgende Tabelle eingeordnet:

Übungswörter

X, x	chs	ks
He**x**e	Fu**chs**	Ke**ks**
Ta**x**i	Lu**chs**	pi**ks**en
A**x**t	Da**chs**	lin**ks**
Xaver	La**chs**	

Merke: Für den Laut ks gibt es verschiedene Schreibweisen!
(In der Tabelle reichen nach meiner Erfahrung fünf Wörter zu jeder Buchstabenverbindung.)

3. Optische Übungen / 4. Taktile / kinästhetische Übungen

(Erläuterungen siehe z. B. auf S. 9)

5. Schreibübungen

a) Buchstabe

Die Buchstaben X, x mit dickem Fasermaler schreiben, groß beginnen, kleiner werden; zuletzt mit Füller ins Heft oder auf ein Arbeitsblatt schreiben.

b) Übungswörter

Xaver, Text, Axt, Hexe, Taxi, Max, mixen

Die anderen Wörter der Tabelle können auch rechtschreiblich geübt werden, z. B. durch Abschreib- und Einsetzübungen oder Reimwörter. Eine vollkommene Sicherheit der Rechtschreibung erreicht man bei LRS-Kindern aber kaum.

Lautgewinnung Y, y

1. Einführung

Wir kommen zum nächsten schwierigen Laut bzw. Buchstaben: Y, y. Zuerst werden Laut und Buchstabe besprochen. Der Buchstabe Y, y kann auf unterschiedliche Arten ausgesprochen werden: j, ü, i.

2. Phonematische Übung

Welchen Laut hörst du in allen Wörtern? (Die Lehrkraft spricht vor, die Kinder sprechen nach. Die Schüler sehen diese Tabelle nicht.)

Wortanfang (WA)	Wortmitte (WM)	Wortende (WE)
Yak	Gymnasium	Pony
Yoga	Gymnastik	Baby
Yeti	Dynamo	Handy
	Typ	
	Pyramide	
	Zylinder	

3. Erarbeitung von Laut und Buchstabe

Tafelbild: Y, y

Laut: **j, ü, i** (Laute werden nach der phonematischen Übung ergänzt)
Buchstabenname: **Ypsilon**
Buchstaben: **Y, y**

Wörter mit Y, y
Yak, Gymnasium, Yoga, Dynamo, Handy, Pony, Pyramide, Baby, Zylinder, Typ, Yeti, Gymnastik

- Die Schüler erlesen die Wörter. Die Wörter werden mehrmals wiederholt.
- Die Lehrkraft macht den Schülern noch einmal die Laute bewusst, die zum Buchstaben y gehören.

Tafelbild
Merke: Für den Buchstaben Y, y gibt es die Laute j, ü und i!

4. Übung zum Einordnen der Wörter

Anschließend trägt die Lehrkraft die Wörter geordnet in eine solche Tabelle ein:

Wortanfang y wie j	Wortmitte y wie ü	Wortende y wie i
Yak	G**y**mnasium	Pony
Yoga	G**y**mnastik	Baby
Yeti	D**y**namo	Handy
	T**y**p	
	P**y**ramide	
	Z**y**linder	

Baby, Handy, Pony sind englische Wörter, die eingedeutscht wurden. Ein Großteil der Wörter, die ein y enthalten, das wie i ausgesprochen wird, stammen aus dem englischen Sprachraum.

5. Optische Übungen / 6. Taktile / kinästhetische Übungen

(Erläuterungen siehe z. B. auf S. 9)

7. Schreibübungen

a) Buchstabe
Die Buchstaben Y, y mit dickem Fasermaler schreiben, groß beginnen, kleiner werden; zuletzt mit Füller ins Heft oder auf ein Arbeitsblatt schreiben.

b) Übungswörter
Yak, Yoga, Pyramide, Zylinder, Dynamo, Pony, Gymnasium

Eine vollkommene Sicherheit der Rechtschreibung erreicht man bei LRS-Kindern kaum.

Lautgewinnung Q, q

1. Einführung

Wir kommen zum nächsten schwierigen Laut bzw. Buchstaben: Q, q. Zuerst werden Laut und Buchstabe besprochen.

2. Phonematische Übung

Welchen Laut hörst du in allen Wörtern? (Die Lehrkraft spricht vor, die Kinder sprechen nach. Die Schüler sehen diese Tabelle nicht.)

Übungswörter

Wortanfang (WA)	zusammengesetzte Substantive
Quark	Quarkkuchen
Quirl	Holzquirl
Quader	Steinquader
Quetsche, quetschen	Quetschwunde
Qualm, qualmen	Feuerqualm
quer	Querflöte

3. Erarbeitung Laut und Buchstabe

Tafelbild: Q, q

Laut: **kw** (Laut wird nach der phonematischen Übung ergänzt)
Buchstabenname: **ku**
Buchstaben: Q, q **(wird immer zusammen mit u benutzt: Qu, qu)**

Wörter mit Q, q
Quark, Quirl, Quader, Quetsche, quetschen, Qualm, qualmen, quer
Quarkkuchen, Holzquirl, Quetschwunde, Feuerqualm, Querflöte

- Die Schüler erlesen die Wörter. Die Wörter werden mehrmals wiederholt.
- Die Lehrkraft macht den Schülern noch einmal den Laut bewusst, der zum Buchstaben q gehört.

Tafelbild
Merke: Der Buchstabe Q, q hat den Laut kw.
Neben dem Q, q steht in Wörtern immer ein u.

4. Übung zum Einordnen der Wörter

Anschließend trägt die Lehrkraft die Wörter geordnet in eine solche Tabelle ein:

Wortanfang (WA)	zusammengesetzte Substantive
Quark	Quarkkuchen
Quirl	Holzquirl
Quader	Steinquader
Quetsche, quetschen	Quetschwunde
Qualm, qualmen	Feuerqualm
quer	Querflöte

5. Optische Übungen / 6. Taktile / kinästhetische Übungen

(Erläuterungen siehe z. B. auf S. 9)

7. Zungenbrecher

Quakende Frösche hüpfen quer über das Quadrat.

8. Schreibübungen

a) Buchstabe
Die Buchstaben Q, q mit dickem Fasermaler schreiben, groß beginnen, kleiner werden; zuletzt mit Füller ins Heft oder auf ein Arbeitsblatt schreiben.

b) Übungswörter
Quark, Quirl, Quader, Quetsche, quetschen, Qualm, qualmen, quer,
Quarkkuchen, Holzquirl, Quetschwunde, Feuerqualm, Querflöte

Eine vollkommene Sicherheit der Rechtschreibung erreicht man bei LRS-Kindern kaum.

Übersicht: Schwierige Buchstaben und Buchstabenverbindungen X, x, Y, y, Q, q

Buchstaben: **X, x**
Laut: **ks**
Buchstabenname: **iks**

Merke: Für den Laut ks gibt es verschiedene Schreibweisen.

X, x	chs	ks
He**x**e	Fu**chs**	Ke**ks**
Ta**x**i	Lu**chs**	pi**ks**en
A**x**t	Da**chs**	lin**ks**
Te**x**t	La**chs**	
Xaver	Eide**chs**e	

Laut: **j, ü, i**
Buchstaben: **Y, y**
Buchstabenname: **Ypsilon**

Merke: Der Buchstabe Y, y kann unterschiedlich ausgesprochen werden: j, ü, i.

Wortanfang (WA)	Wortmitte (WM)	Wortende (WE)
Yak	P**y**ramide	Pon**y**
Yoga	Z**y**linder	Bab**y**
Yeti	D**y**namo	Hand**y**
	T**y**p	
	G**y**mnasium	
	G**y**mnastik	

Buchstaben: Q, q **(wird immer mit u benutzt)**
Laut: **kw**
Buchstabenname: **ku**

Merke: Neben dem Q, q steht in Wörtern immer ein u (Qu, qu).

Wortanfang (WA)	zusammengesetzte Substantive
Quark	**Qu**arkkuchen
Quirl	Holz**qu**irl
Quader	Stein**qu**ader
Quetsche, **qu**etschen	**Qu**etschwunde
Qualm, **qu**almen	Feuer**qu**alm
quer	**Qu**erflöte

Freunde

1. Sprechstelle: Lippen: p – b

gleich: Die Lippen verschließen den Mund.
unterschiedlich: **p:** Die Luft wird **herausgesprengt**.
P ist der Sprengmeister. **P** wird **ohne Stimme** gesprochen.
b: Die Luft entweicht **langsam**. **B** wird **mit Stimme** gesprochen.

2. Sprechstelle: hinter der oberen Zahnreihe: t – d

gleich: Die Zunge verschließt den Mund hinter der oberen Zahnreihe.
unterschiedlich: **t:** Die Luft wird **herausgesprengt**.
T ist der Sprengmeister. T wird **ohne Stimme** gesprochen.
d: Die Luft entweicht langsam. **D** wird **mit Stimme** gesprochen.

3. Sprechstelle: hinten am Gaumen: k – g

gleich: Die Zunge verschließt den hinteren Gaumen.
unterschiedlich: **k:** Die Luft wird **herausgesprengt**.
K ist der Sprengmeister. **K** wird **ohne Stimme** gesprochen.
g: Die Luft entweicht langsam. **G** wird **mit Stimme** gesprochen.